Ⓢ新潮新書

三浦知良
MIURA Kazuyoshi

やめないよ

405

新潮社

プロローグ――未知の領域を歩き続ける日々

横浜FCに来て6年目のシーズンが終わった。神戸から横浜FCにやってきたのは二〇〇五年の夏のことで、いま思うともうはるか昔のようにも感じる。

僕は、プロサッカー選手になって以来、いつも、来年のことはわからない、と思いながら過ごしてきた。サッカーの世界でチームを移籍することは、会社を替わったりするのとはずいぶん違う。移籍するたびに、これが最後のチームになるかもしれない、と毎年が崖っぷちにいる思いで、どこのチームに長くいたいとか、そういう考えは持たなかった。ヴェルディ川崎からクロアチアのザグレブに移籍したときも、これが最後かな、という気持ちで行ったし、その後も、京都、神戸、横浜とチームを替わりながら、ずっと、一年一年の勝負、というつもりでやってきた。「どこまでやれるかわからないけれど、とにかく今日を一生懸命、精一杯やる」という積み重ねだけで、気がついたら横浜にはもう6年近くもいた、という感じなのだ。

「引退」という言葉も周囲からは何度か聞いた。世間の声も耳に入ってきた。けれども、いま、僕の中では、どこでどんなふうに引退しよう、なんていう設計図はまったくない。カズらしさを持ったままで引退、とか、辞めるときのタイミングが大事、などと、いろんなことを言う人がいるけれど、僕はもう、そんなことすら考えていない。タイミングを計って引退するなんてことは、もはや僕の選択肢にはない。そんなことも考えずに、ただ今日も一生懸命やる、明日も一生懸命やる、それだけなのだ。

最近、いろんな人たちから「なんでカズさんはそんなにずっとモチベーション高くいられるんですか」と訊かれたりする。僕はサッカー一筋でやってきているけれど、サッカーを愉しんでいるということにやっぱり尽きるのだと思う。いや、サッカーだけではなく、外で遊ぶときも、お風呂に入るときも、人と会うときも、もう、すべて一生懸命行くぜ、という感じの人生なのだと思う。そのときそのときで目一杯やっていく、その積み重ねが僕のいまなのだ。

もちろん、そんなふうに生きてきて、最近は、「終わるのが近いことは確かだな」と感じてはいる。それは、主に身体の問題によってだ。

チームの練習は、もちろん、すべてをみんなと一緒にやるし、43歳だからこれはやらない、ということはひとつとしてない。でも、確実に年はとってきていて、関節にしても、腰にしても、疲労が重なってきている。どこが悪いとかではなく、もう使いすぎで、削れてきている、という状態なのだ。それでも僕はいつも、フルに90分出場できる身体を作っている。90分の出場機会を与えられたときに、どれだけ動けるか、ということを考えながら、トレーニングをしている。「どうせ試合に使われても10分くらいだから、その10分に合わせた練習をすればいいや」というふうにすればまだまだ長くやれるのかもしれないが、僕にはそんな器用なことはできない。

43歳でプレーするのはすごいと言われるけれど、身体さえついてくれれば他の選手でもできると思う。難しいのは、この年になって、同じ練習を毎日続けられて、若い選手と同じメニューをこなせるかどうかだ。みんなは、サッカー選手は試合だけをやっていると思っているかもしれないけれど、実は練習を毎日やることこそが大変なのだ。しかも、高いモチベーションを持って、若い選手に負けないタイムで走るとなればなおさらだ。逆に言えば、それができなくなったときが、やめるときなのかもしれない。そう、僕がやめるとすれば、まさに「そのタイミング」しかないのだと思う。

ときどき僕は思う。本当に身体がボロボロになるということは、どういうことなのだろう、と。身体がボロボロになったら、サッカーをやめるどころか、人生をやめなきゃならなくなるんじゃないか、と思って怖くなるときもある。苛酷なことをやってきたツケとして、普通の生活になった途端にある種のリバウンドが起きて歩くことさえできなくなるんじゃないか、という恐怖。筋肉に覆われていた関節が、筋肉が落ちて、もたなくなるんじゃないか、という恐怖——。

僕らの身体は、クルマにたとえて言えば、乗用車ではなく、レーシングカーなのだと思っている。レース用のクルマは普通の道路を走ってはいけない。それと同じで、グラウンドにいるときはいいけれど、家にいるときには僕らは普通の人よりももっと腰痛を感じたりすることがきっとあるのだと思う。もし、僕が走るのをやめて、展示場に飾られるだけのようなものになってしまったとき、僕の身体は死んでしまうのではないか。そんなことを最近は強く思う。

元ボクサーのモハメド・アリは、パーキンソン症候群になってしまい、ふだんは手が震えているのに、ファイティングポーズをとったときだけ震えが止まる、という話を聞いたことがある。脳のどこかがそれを覚えているのか、刷り込まれた何かがあるのかわからないけれど、そんなふうに、自分の身体であって、自分の身体でない、というようなところがどこか僕にもあるのだ。

いま僕は、身体的にも、ある意味で未知の領域を歩いているのだと思う。90分走れる身体がいったいいつまでどこまでもつのか、僕にも誰にもわからない。

二〇一〇年のシーズン、僕の公式戦での出場時間は、おそらく、ブラジルから帰ってきて以来、最も少なかったはずだ。こういうシーズンの過ごし方は実に難しい。試合にフルで出続けているときのほうが心身のバランスはむしろとりやすい。

選手によっては、これだけ練習しているのに試合に出られないのだったら、こんな苦しい練習はもうしなくてもいいだろう、という気持ちにだんだんとなっていきがちだ。とりわけ、年齢を重ねると、どうしてもそういう類の言いわけを自分自身に用意してしまう。

けれども僕は、どうしてもそういう気持ちにはなれない。1分も試合に使われなかったという悔しさ、むしゃくしゃする気持ちがとても強く出てきて、また練習に向かっていこうとする。その姿勢は、10代、20代のときから、まったく変わっていない。まあいいや、なんて思ったことは一度もない。

ているということが楽しくて仕方ない。

ただ、僕は、そんな悔しさも含めて、いまもなおサッカーというスポーツを続けられていることが楽しくて仕方ない。

たとえば、チームみんなでスーツを着て、新幹線に乗って、4時間かけて岡山に遠征に行く——というようなこと自体が嬉しい。サッカー選手である、と実感できるのだ。それは、10代のときブラジルで10時間も20時間もバスに揺られ、みんなでメシを食って、治療して、試合の開始時間を待って……、と25年前にやっていたことと同じことなのだ。

ふつう、会社員であれば、40歳を過ぎるとそれなりの地位に就いているのかもしれない。けれども、僕は一選手だから、あるときは監督からの指示に従い、あるときは18歳の選手と同じジャージを着て、同じメシを食堂で食べる。そんな環境にサッカー選手として浸っていられることが本当に幸せで、楽しい。30歳でやめてしまった選手にはもう味わえないことを、もうすぐ44歳になる僕はまだやれるのだから。そんな、自分はサッカー選手なんだ、と思える瞬間が、楽しくてしかたがない。

試合前日あるいは遠征当日、監督がメンバー発表を行う。そんな監督の声を僕は25年間、ずっと聞き続けてきた。「今回の18人を発表する。誰々、誰々」——。メンバーに入っているのか、入っていないのか。そのドキドキ感も10代のときとなんら変わらない。

入っていなければ、居残り組の練習で鬱憤を晴らす。入れないのは悔しいけれど、プロの選手としてまだ戦っているということがうれしい。

ブラジル時代に、メンバーから外されたり、試合で使われなかったときに思った「こんなクソチーム、やめてやる」という怒りの気持ちは、いまも変わらず湧き出てくる。でも、次の日に練習をすると、汗をかいてすっきりして、また新しいアイディアも出てきて、再生されてしまう。練習するまでは頭に来ているのだけれども、「サッカーをやっていると、いいことあるよ。ちゃんと練習をやっていれば……」と自分を俯瞰して話しかけてくるもうひとりの自分がいて、感情的な部分が削ぎ落とされ、またサッカーをやろうという気になるのだ。そんなことを僕はもう25年間繰り返してきた。

未知の領域をこれからも、苦しみながら、楽しみながら、一歩ずつ踏みしめて歩いていこうと思う。

二〇一〇年十二月五日　リーグ最終戦の翌日に

やめないよ●目次

Ⅰ　勝ちたい力――2006年

Ⅱ　不惑の力――2007年

Ⅲ　続ける力――２００８年

Ⅳ　戦い抜く力――2009年

V 明日を生きる力――2010年

I 勝ちたい力——2006年

期限付き移籍をしていたシドニーFCから横浜FCに戻ってきた僕は、トリノ冬季五輪の行われた二〇〇六年二月から、Jリーグ初の「選手兼監督補佐」を務めることになり、シーズンを迎えた。開幕から思わぬつまずきがあったものの、W杯ドイツ大会開催中もJ2の試合が続いたこの年のシーズンを戦い抜いた横浜FCは、J1初昇格のチャンスをつかむ。僕自身は39試合に出場し、6ゴール。そして、チームに歓喜のときが……。

「クラブキャプテン」としてできること

二〇〇六年一月二十四日から三十日まで横浜FCのキャンプでグアムにいた。真夏のような日差しの下で早朝、午前、午後の3部練習。サッカー部というより陸上部みたいにしぼられた。

体づくりに主眼を置くこの時期、疲れはしても気分は爽快《そうかい》だ。リーグが始まると試合に出た出ない、勝った負けたが日常になりどうしてもストレスがたまる。弱いチームだと三月、四月にはもう雰囲気は最悪なんてこともある。毎年この時期に思うのは、開幕前はどのチームにも等しくある情熱や意欲、希望を、シーズン終了の十二月になっても持ち合わせているチームはほんの一握りだということ。今季こそ、その一握りの中に入っていたい。

今季からJリーグ初の「選手兼監督補佐」になった。よく「何をするのか」と聞かれる。一言で説明するのは難しいが、僕自身は「クラブキャプテン」と解釈している。サッカーではチームの柱の「チームキャプテン」と、実際にピッチに立って試合をリードする「ゲームキャプテン」が別だったりするが、欧州ではさらにその上にクラブの顔、象徴的なクラブキャプテンがいる場合がある。

実際、移籍交渉で一九九九年にスコットランドのヒバーニアンというクラブを訪れた時、クラブキャプテンを名乗る選手に「困ったことがあったら何でも相談して」と言われた。会長や監督と選手の間でパイプ役になり、お互いのコミュニケーションをスムーズにする役目なのだろう。僕が持つイメージもそれ。

横浜FCには、城彰二というリーダーがいる。でも、彼もまだ30歳、一選手として、ガンガンやってほしいし、僕が何か引き受けることで、彼の負担が軽くなるかもしれない。

パイプ役といっても上から下へ、下から上へスルーするわけじゃなくて、「これは選手の甘えだな」と思ったらガツンと退ける気でいるし、逆に監督に「これはまずいですよ」ということだってあるかもしれない。その辺のさじ加減はプロ21年生の経験を生かせると思う。打算抜き。そうするのは、ただ、勝ちたいからなんだ。

（2006・1・31）

楽しむには資格が要る

トリノで冬のオリンピック（五輪）が行われている。気になる種目の放送時間に合わせて家に帰るとか、深夜に目覚ましをかけて起きるとか、そこまでのマニアじゃない僕でも人並みの関心は持っている。

五輪で印象に残る選手を挙げたら、それこそ世代の違いが表れるのだろう。僕は9歳の時、一九七六年のモントリオール五輪で見たルーマニアの体操選手、コマネチが鮮烈に焼き付いている。シドニー五輪のQちゃん（高橋尚子選手）も、きらきら輝いていたよね。

サッカーの最高峰の舞台は五輪ではなくワールドカップ（W杯）。ただW杯がすべてではなく、日々の練習や試合にもスポットライトは当たるし、そこで得られる充足感もある。そうした日々の積み重ねの先にW杯がある感じ。

五輪のメダルを究極のゴールとするアスリートを気の毒に思うのは、その日々の積み重ねにはあまり光が当たらないことだ。

五輪の前後には洪水のように取材されるけれど、普段はマイナー扱いされるからモチベーションの維持も大変だろう。4年に1度の五輪の、わずかな競技時間に照準を合わせ、すべてを凝縮して出さないといけないし。そのプレッシャーが選手を成長させるのだけれど。

子供のころから夢見たせっかくの舞台なんだから、選手には五輪を楽しんでほしい。ただ、選手にとって一番楽しいのは勝つことだから、楽しむには資格が要る、基本的にはね。思い詰めた選手に「ガンバレ」は酷というので「楽しんで」という励ましが定着したと思うけれど、楽しむのも実は簡単じゃない。

負けても「楽しかった」と言えるのは勝敗を超えた意義を見つけられた時で、これもなかなか難しい。ある意味、うまく開き直れるといいんだけど。初めてオリンピックに出た選手というのは多分、そういう精神状態にうまく持っていけないのだと思う。

とにかく今は横浜FCのキャンプ中でホテルに缶詰めでテレビを見る機会が多いから、トリノの日本選手をテレビに向かって必死に応援していますよ。

（2006・2・15）

緊張感をプラスにつなげる

この週末、いよいよJリーグが開幕する。その直前、二月二十六日に39回目の誕生日を迎えた。前年はプロ生活20周年ということもあって、大阪のミナミで盛大にパーティーをやったんだけど、そのおかげもあってか開幕から公式戦3試合連続ゴールも決められた。その後は沈んでしまったけれど……。

今年(二〇〇六年)は前年より少し控えめに祝ってもらった。開幕戦と誕生日が近いのはいつものことだから、体調を崩さないように気をつけている。いいリズムで開幕を迎えたい。

周りからリーグ最年長だとか、日本人最年長ゴールだとかいわれる。でも特別な意識はない。35歳を過ぎたあたりから、ずっとチームで年長組にいるし、長く現役をやっていればそうなるというだけ。別に大した記録でもないよ。

開幕戦というのは独特の雰囲気がある。チームというのは優勝を狙える位置にいると緊張感を1年間保てるけれど、負けが込んでくると、あきらめムードになったりチームがバラバラになったりする。でも今は全チームが勝ち点ゼロ。みんな希望にあふれているし、勢いに乗りたいと思っているから、普段の試合とは全然違う緊張感がある。

若いころはその緊張感がマイナスになることがあった。気負ってしまうし、「自分はどれだけやれるんだろう」という不安もあった。今はその緊張感がプラスに、いいプレーにつながる。僕もプロ21年目。調整の仕方も全部わかっているから不安はない。年とともに成長しているんだ。

今年は心にも余裕がある。いつもはもっと悲壮感があるんだけど、ここ2、3年は力が入りすぎていたかな、という反省もあって。体調も、一番いいときの60パーセントくらい。前年の今ごろは100パーセントに近かったから、かなり抑え目。でも僕はいつも四、五月くらいに調子を落としてしまうので、ここから上げていく方がいい感じで乗り切れるんじゃないかな。

トリノ五輪が閉幕したね。金メダルの荒川静香選手には心からおめでとうと言いたい。そして出場した全選手にも拍手。お疲れさまでした。

（2006・2・28）

負け慣れするな

J2開幕戦の結果については、恥ずかしいというのが率直な気持ちだ。Jリーグに加盟したばかりの愛媛FCに敗戦。開幕に向けてずっと準備してきたのに、あんな結果しか出せないなんて。

勝利に導けなかった自分にも腹が立つ。試合中は負けるとは思わなかったし、焦りもなかった。後半15分くらいからは相手ペースだったけれど、最低でも引き分けに持ち込まないと。

でも、これがウチの力かな、とも思った。点を取られると崩れてしまうのは前の年と同じ。それは選手みんながわかっているはず。技術、戦術、体力、集中力、経験。全部が平均して低いのかも。正直言って、二〇〇六年のチームに関しては開幕前から不安だらけ。始動からずっと手応えが感じられず、まずいなと思っていたんだけれど……。

足達勇輔監督の解任については、フロントが前年からの結果と流れをみて決めたこと。

もちろん責任はチーム全員にある。開幕1試合での解任だから驚きがあったんだろうけど、僕はブラジル時代、開幕前日に監督が他チームに移ったこともある。二〇〇五年の七月まで所属したヴィッセル神戸でも監督解任劇があった。今のチームの雰囲気はそのときと似ている気がする。

一番良くないのは、慣れてしまうこと。監督交代にも、負け続けることにも。それが弱いチームの典型的なパターンだから。

とにかく僕たちは前を向いてやるしかない。そして試合に出ていた自分たちの責任をどう考えるか。やっぱりグラウンドの上で取り返していくしかない。勝敗だけじゃなく、どれだけ一生懸命やれたかということも含めて。

高木琢也新監督から言われたのは、僕にはグラウンドの中の仕事に集中してほしいということ。ただ監督補佐という立場もあるし、気が付いたことは言っていくつもりだ。

今できるのは、体調を整えて試合に全力を尽くすこと。急にうまくなれるわけじゃないし。選手みんなが今どう考えているのかはわからないけれど、僕は目の前の試合を精いっぱいやってグイグイ引っ張っていくつもり。勝つために90分間、強い気持ちでね。

（2006・3・14）

国を背負う重圧と喜び

モンテディオ山形戦（二〇〇六年三月二十一日）で今季初ゴール、そして初勝利。高木琢也監督にとっては指揮官として初めての勝利だから、たぶん一番喜んでるんじゃないかな。

でも実は僕にはあまり充実感がなかった。もちろん勝てたことはうれしかったけれど試合内容が悪かったし、何より自分の調子が全然ダメ。別にPKでの得点だからうれしくないわけじゃなくて、動きの質も技術的にも反省点ばかりで何もできなかった。まあ調子が悪い時期は今までにもあったから、これから良くなると期待しているよ。

野球の第1回ワールド・ベースボール・クラシック（WBC）は楽しませてもらったね。特に2次リーグと準決勝の韓国戦は1回から9回までのめり込んで見てしまった。

選手みんなが野球小僧に戻って、野球を始めたころの気持ちと日本人としての誇りを賭けて戦っていた。その姿はもうスポーツを超えて芸術。アスリートとしても人間としても学ぶことが多かった。

帰国後の様子をテレビで見ていると、いい顔をしていたよね。充実感と、一つのことを成し遂げた達成感。正直な気持ちを語っていたよね。その直後のニュースで画面に政治家が出てくると、なんだかウソっぽく感じてしまったりして。

日の丸を背負って戦うのは王貞治監督もイチロー君も初めてだと言っていた。そういう重圧を僕も背負っていた。そしてオーストラリアに行ったときも、横浜FCで戦っている今も、日本のサッカーを背負っているという気持ちでやっている。だから、決勝戦は一緒に戦っているような気持ちになった。自分の試合と重なってしまったから1回表しか見られなかったけれど、「後は託したぞ」という気持ちで移動のバスに乗り込んだよ。

キューバではカストロ議長が選手を出迎えたというし、韓国では兵役が免除された。日本でも選手たちに報いる方法を考えてほしい。野球だけじゃなく五輪のメダリストや芸術、文化で日本に貢献した人たちに対して。別にお金じゃなくてもいいけれど、高速道路を造ったりダムを造ったり、そういう税金の使い方だけじゃなくてね。

（2006・3・28）

強くなるための道程

首位の柏レイソルを破っての4連勝で、チームのみんなが失っていた自信を取り戻してきた。

実は僕自身も4連勝というのは以前所属していた京都パープルサンガでもヴィッセル神戸でもなかった。試合内容も良くなってきたし、うれしい。

いい順位につけて、自分のコンディションも上り調子。もちろんまだ序盤だけれど、四月八日の柏戦は紛れもなく上位決戦。横浜FCは今まで優勝争いに絡んだことがないから、そんな緊張感を味わったことがない選手が多い。勝てば上へ行く、負ければ落ちるという状況。こういう経験を重ねることでチーム力は伸びていく。

そうして階段を上がっていくと、どこかで必ず厳しい壁に突き当たる。でも、その悔しさがバネになる。例えばアビスパ福岡はJ2で惜しいところまでいって昇格できないという経験を経て、今季J1に復帰した。浦和レッズは二〇〇二年のヤマザキナビスコカップ決勝で鹿島アントラーズに負けて、そこから強くなった。翌年の決勝、同じカードで勝ったよね。

　相手チームが優勝カップを掲げる姿を下から見上げて、そこで初めて優勝と準優勝の違いを知る。優勝争いに加わるだけではだめだ、やっぱり勝たなければだめだと思い知らされるんだ。

　連勝していても、何かのきっかけで流れが変わってしまうこともある。４連勝するのは大変だけれど、４連敗するのは簡単。それが勝負の怖いところ。勝った後も過信せず、負けた後も下を向かず「今日は大事な試合だ」という意識を毎試合持てるかどうか。常に高いモチベーションで戦える選手こそが本当のプロフェッショナルで、それができるクラブが一流なんだ。

　勝てるチームになるとサポーターの目も厳しくなる。連敗したら激しいヤジも飛ぶ。それがまた選手を鍛える。レアル・マドリードやＡＣミランもそう。彼らはそれを１００年以上続けてきている。強いはずだよね。それと比べれば僕らは赤ん坊みたいなもの。選手もサポーターも一緒に歴史をつくっていきたい。


（２００６・４・11）

いい得点の前に必ずいいアシストあり

ＦＷというのは常に得点を期待される立場だけれど、僕はアシストにも大きな喜びを感じている。ドリブルで相手を抜き去ってクロスを味方にピタリと合わせて、それがゴールにつながる。得意な形でアシストできれば最高の気分だし、ゴールを決めたときよりも気持ちがいい。

四月十八日のヴィッセル神戸戦の1点目、城彰二の同点ゴールの場面がまさにそう。左サイドを突破してクロス。ブラジル時代に何度もあった形だ。ブラジルでのポジションは基本的に左ウイングだったからね。当時は点を取る技術を持ち合わせていなかったから、ゴールは少なめだった。その分、左サイドのドリブル突破、アシストにはこだわりがあった。

ウイングとしてはスピードは速い方じゃなくて、タイミングとキレでＤＦを抜いていくタイプ。神戸戦のアシストの場面で見せたような、ボールをまたぐシザースフェイントを試合で使うようになったのもブラジル時代だ。

覚えたのは子供のころで、大好きだったブラジル代表のスター、ロベルト・リベリーノのプレーをまねしたのが最初。リベリーノは外側から内側にまたいでいた。僕のは内から外。静岡学園の2歳上の先輩もシザースがすごくうまくて、それも参考にさせてもらった。

最初は練習で使うだけ。それを実戦用にバージョンアップできたのはブラジルでの経験のおかげ。練習でできないことは試合でもできない、なんてよく言うけれど、ブラジル人は練習より試合のときの方がうまい。大観衆を前にするとスーパープレーを突然見せる。そんな環境でもまれたおかげで、僕も今では本番の方が力を発揮できる。

日本に帰ってきてからは得点も取るようになったけれど、ゴールはアシストがあってのもの。いいパスを受けたり、味方を使って抜け出したりする場合、アシストがすべてと言っても言い過ぎじゃない。欧州チャンピオンズリーグでも、いい得点の前には必ずいいアシストがある。今はゴールでもアシストでもいい。チームのために全力を尽くすだけだ。

（2006・4・25）

W杯がすべてじゃない

W杯の日本代表23人が決まった日、僕は家でトレーナーと一緒にテレビ中継を見ていた。巻誠一郎選手のメンバー入りと久保竜彦選手の落選がみんなの驚きだったんだろう。ジーコ監督がどういう部分で判断したのかは代表チームの中にいないとわからないこと。ただ、巻選手は米国遠征や最近の合宿のほとんどに参加して、代表候補のグループの中にいたわけだから、今回の選出がサプライズだとは思わない。

周りは色々なことを言う。誰を選んでほしいとか、4年後につながる若手がいないとか。でも、ジーコが考えるベストメンバーで戦うべきだ。監督はそれだけの重い責任を背負っているのだから。

すべての選手にとってW杯は大きな夢であり、最大の目標。何にも代え難いもの。でも23人という枠がある限り、外れる選手は必ずいる。落選の後、すぐに前向きに考えられるかどうかは人それぞれ。一九九八年に僕が外れたときは帰国したその日から練習を始め、すぐに気持ちを切り替えた。僕らはプロ。代表から漏れてもサッカー選手としての職を失うわけじゃない。

久保選手をはじめ世界中の似た境遇の選手に言えることは、逆境からはい上がるのは自分の力だということ。誰も助けてくれない。それが僕らの仕事。下を向く必要はないし、自分のやってきたことに誇りを持ってほしい。これから先のサッカー人生で今までと同様に感動を得られるし、与えることだってできる。

誰かの得点をきっかけに笑顔が笑顔を呼ぶ。選手が悔しがっている姿を見て自分も頑張ろうと思う。それはJリーグでも少年少女の試合でも同じ。W杯のゴールだけがゴールじゃない。W杯だけが日本代表の試合でもない。ドイツでの戦いの後には、すぐに新たな代表チームが始動する。そこを目指せばいい。まだまだ最後まで。僕自身もそう思っているしね。

ドイツでの試合は日本時間の夜中だけれど、日本とブラジルの試合は全部、生中継で見るつもり。大会中もＪ２の試合が続くけど大丈夫。経験を生かしてうまく調整して。刺激を受けて僕も頑張るよ。


（２００６・５・23）

熱い心で戦えたか

楽しい1カ月が終わってしまった。今回のW杯、僕はリーグ戦の真っ最中だし日本時間の夜中の試合が多かったから、日本とブラジルが負けてからは生放送で見ることが減ったけれど、新聞を開けばサッカー一色。そんな幸せな日々が終わってしまうのは寂しいね。

日本代表の結果は本当に残念。やはりオーストラリア戦の3失点がすべてだった。率直に言って、クロアチア戦の引き分けとブラジル戦の黒星は計算通りだったはず。オーストラリアに勝って勝ち点4で突破、うまくいけばクロアチアにも勝って勝ち点6というシナリオ。それが全部、最後の6分で狂ってしまった。

今大会でわかったのは、進化しているのは日本だけじゃない、ほかの国も同様に成長しているということ。そして戦う気持ちの大切さ。どのチームも負けたら国に帰れないという覚悟で、控え選手も含めて全員がギラギラしていた。そのギラギラ度が高いチームが勝ち上がっていた。

日本では技術や戦術が重要視されがち。しかし今大会、どれだけ熱い気持ちを込めて戦えただろうか。チーム一丸となって戦えただろうか。

日本人は良くも悪くもクールなところがあって、控え選手がさめているように見えた。たぶん選手に聞いたら、そうじゃないって言うだろう。でも、自分自身に問いかけてみてほしい。きっとそういう部分があったはずだ。

ヒデ（中田英寿）の引退は驚き半分、納得半分。今にして思えば、大会前からそれを示唆する言葉がいくつかあった。彼の10年余りのプロ生活は中身がギュッと凝縮されたもので、心身共に目いっぱいのところまでプレーしたのだろう。それは幸せなことだ。

ヒデも10年前に比べたら柔らかくなったよね。あと10年たてばもっと柔らかくなって、もっとサッカーが楽しくなる。のしかかる重責をうまく受け流せるようになる。それを味わってほしかったとも思う。

僕の場合はケガをしたり走れなくなったりしなければ、引退なんて考えもしないけれど、年齢的にピークのときにスパッと辞めるのも一つの考え方。今後は「新しい旅」を楽しんでもらいたい。

（2006・7・14）

ひたすら目の前の試合に集中しよう

世間は日本代表のオシム新監督の話題で持ちきりだね。僕はオシム監督とはあまり話をしたことがなくて、映画「ゴッドファーザー」に出てくる晩年のヴィト・コルレオーネに似ているな、くらいのイメージ。

気になるのは、全面的にオシムが良くてジーコが悪いという風潮だ。今の日本では理論的な監督の方がわかりやすくていいという評価で、確かにそれもわかる。でもちょっと待ってほしい。ジーコのやり方で成功した部分もあったはずだし、それを面白いと言って賛同した人もいたはずだ。

それに、結果を出すことが優れた監督の条件なら、ジーコはアジアカップで優勝したしW杯予選も突破した。本大会でもプラン通りにいかなかったのはオーストラリア戦の最後の3失点のところだけ。

それなのに1次リーグで敗退した途端に、手のひらを返すように戦犯扱い。プロの世界だから仕方がないけれど、オシムの言うように過剰な期待をかけていた部分もあっただろう。この4年間を否定すべきではないし、絶対に自分の意志を曲げなかったジーコの強い信念には賛辞を贈りたい。

これからの日本代表については本当に楽しみ。ヒデ（中田英寿）が引退した今、次のスーパースターの登場も求められている。チームとしてすぐに結果が出るかどうかわからないけれど、Jリーグのジェフ千葉で多くの選手を育てた指揮官だから、きっと面白い仕事をしてくれるはず。僕もいいものを吸収していきたい。

代表監督が代わったからアピールしないとなんて、選手はいろいろ考えてしまうものだけれど、先のことをあれこれ考えるのは過去を振り返るのと同じで、エネルギーの無駄遣い。ひたすら目の前の試合に集中するように意識的に自分をコントロールしている。

僕自身も日本代表でプレーしたいという夢は持ち続けている。だけど今は横浜FCで1部（J1）に上がるという目標だけを見据えている。J1に上がれなかったらどうしよう、なんてことも考えない。それもエネルギーの無駄だし、失敗を恐れて臆病にもなってしまう。余計なことを考えず、練習や体のケアを怠らないこと。それが一番いい結果につながるはずだから。

（2006・7・28）

対戦相手への挑発とリスペクト

このスポーツといえばこの選手、というのが人それぞれあると思う。僕の場合、野球だと元巨人の江川卓さん。そしてボクシングといえば日本人なら具志堅用高さん、外国人ではモハメド・アリなんだ。

先日、世界王者になった亀田興毅選手の立ち居振る舞いが盛んに批判されているけれど、試合前にどんなに吠《ほ》えてもいいし、相手を見下す発言があってもいい。それもボクシングの一部だと思う。アリもジョー・フレージャーたちを散々に挑発していた。それも戦略の一つだし、記者会見から試合は始まっている。そう考えれば許されるんじゃないかな。

亀田選手の場合は、まだ19歳と若いから批判の対象になるんだろう。確かにリングを下りるとまだ子供の部分も見えるし、対戦相手へのリスペクト（敬意）がもう少しあってもいい。言葉は悪いけれど、チンピラみたいな印象を与えてしまっているかもしれない。たとえ演出だとしても、それは本人にとってマイナス。あくまでプロボクサーとして相手を挑発してほしい。

結果について物議を醸している先日の試合。僕は素人だから、有効打の数だとか微妙な判定についてはよくわからないけれど、確かに相手選手は苦しそうな顔も見せず淡々と戦っていた。亀田選手の方がダメージが大きいようにも見えた。それが見ていた人の正直な印象だろう。W杯の日本代表と同じで、期待が大きすぎた分、ファンの不満も膨らんでしまったんじゃないかな。

ただ、僕は素直に感動した。それは11ラウンド、あれだけ打たれてもギリギリのところで絶対にダウンしないという亀田選手の根性を感じたから。

テレビの視聴率が50パーセント近くあって、見ている人の中にはアンチ亀田もたくさんいる。そして何より初の世界タイトル戦で、あれだけのプレッシャーの中で最後まで戦い抜くんだという気力、気迫。思わず涙が出そうになったし、本当に勉強になった。

それもいきなりダウンして1ラウンドから劣勢になりながら、最後まで戦い通したのは、アスリートとして素晴らしいの一言。サッカー選手もちょっとくらいで痛いなんて言っていられないね。

（2006・8・11）

控え組でも焦らない

海やお祭りと同じように、高校野球は夏の風物詩という感じがする。僕が小学生の時には原辰徳選手、中学生の時は工藤公康投手が活躍していて、テレビ中継を興奮しながら見たものだ。

今大会で優勝した早実の斎藤佑樹投手はあの暑さの中で連日、１００球以上を投げていた。あんなに投げて肩は大丈夫なのかと心配になったほど。再試合になった決勝で仮に負けていても、あの頑張りに誰も文句は言えなかったはず。

僕は若いころ、真夏の試合があまり好きじゃなかった。涼しい方が体も動くし、いいプレーができると思ったから。そういう固定観念を持っていた。今は夏の試合でも気にせずプレーできる。

夏バテしないために気をつけているのは、よく遊びよく寝ること。それが僕のモットーだから。体にいいといわれるものを食べたりもするけれど、最近よく食べているのは好物の雑煮。季節にかかわらず、自分が食べたいものを食べるのがいい。選手にとって、この時期はコンディション調整が難しい。どんなに補充してもどんどんエネルギーを消費してしまうし、練習しすぎると疲労がたまりやすい。一番いいのは、実は試合に出続けること。連戦で疲れはするけれど、それは心地いい疲れだ。逆に試合に出ないと調子が上がっていかない。

ここ数試合、先発から外れてベンチスタートが続いている。選手としてグラウンドの中で自分を表現したいし、正直に言って、出番がなくて気分がいいわけがない。ただし、自分の中に焦りはまったくない。チーム内の競争は必要なこと。無理なく、今まで通り普通にやっていくつもりだ。

以前は実戦から遠ざかると試合勘が鈍ってしまったけれど、今は1カ月くらい試合に出ていなくても大丈夫。チームで練習さえしっかりやっていれば、試合で体も動くし問題なくプレーできる。

チームはしっかり昇格争いに絡んでいる。雰囲気もいい。でもこの先、J1昇格を意識して硬くなってしまうかもしれない。そのあたりをコントロールするのも僕らベテランの仕事。何とか最後まで粘っていきたい。

（2006・8・25）

時には本能のままに

選手生活を引退したら、どんな第二の人生を送るのか。正直に告白すると、今は何も考えていない。サッカーの指導者や経営者になった自分の姿を想像することもあるけれど、困ったことに、やりたいことが何も思い浮かばなくて。ずっと現役でプレーしていたいというのが本音なんだ。

自分が監督に向いているとは思わない。例えばスタンドから試合を見ても、どの選手の運動量が落ちているだとか、チームのどこをいじれば良くなるかというのがイマイチわからない。

多分、それは僕が基本的に意識を自分に向けてプレーしているから。相手うんぬんよりも、自分が何をできるのか。相手ＤＦの特長を頭に入れておくこともない。味方の動きやポジショニングに注文をつけることもない。もちろん頭を使って考えながらプレーはするけれど、考える部分と本能的な部分をうまく組み合わせることが大事だ。

その点、若いころはもう本能だけ。チームのバランスなんてお構いなしで、ドリブルでガンガン勝負。右に行きたいときは右へ、ボールが欲しければ下がってパスを受ける。試合前のミーティングも一応聞いてはいたけれど、試合が始まれば頭の中には残ってない。だから日本代表のオフト監督やファルカン監督がどんな話をしていたか、どんな戦術だったか聞かれてもさっぱり思い出せなくて。

FWにはそういう強引さも必要なんだ。本能のままにぶっ飛んでいくような無鉄砲さ。2トップの場合、そんな一直線な選手と周りのバランスを考える選手のコンビがいい。

今では僕もバランスをとる側だ。監督の指示もしっかり頭に入れる。ボールがないときにもじっと我慢して、守備でリズムをつくる。ちょうど野球の投手が失点をしても5、6回まで投げて試合をつくるようなイメージ。体力も衰えてくるし、若い人の力を借りて自分をもっと生かす。元イタリア代表のロベルト・バッジョを参考にしつつ、自分のプレースタイルでチームに貢献したい。

ただ、ひょっとすると、今はバランスを気にしすぎているのかもしれない。ボールをよこせ、オレが切りひらくんだ、という20代のころの気持ち。時にはそんなやんちゃな部分をちょっぴりのぞかせてみようか。

（2006・9・8）

僕の経験を伝えたい

欧州で新シーズンが始まって、今年は新たに小笠原満男選手、18歳の森本貴幸選手がイタリアへ渡っていった。若かろうと経験を積んでいようと、海外でプレーする難しさは変わらない。あのフランスの〝将軍〟ミシェル・プラティニだってイタリアでの1年目は苦労したんだ。

とにかく試合に出ることが重要だ。監督が「もう少しイタリアのサッカーを勉強してから」と言うことがあるけれど、だったらよけいに出番を与えてほしい。ベンチに座っているだけでは学べないし、日本でテレビ中継を見ているのと変わらないよ。

欧州では今、「日本人は必要ない」と言われてしまうと代理人から聞いた。ヒデ（中田英寿）や（中村）俊輔が欧州で活躍したといっても、それは彼ら個人が認められただけ。「日本人」を認めてもらうには、W杯や欧州のクラブで活躍を続けていくしかない。10年、20年という長いスパンでね。

海外に行けばまずは言葉の問題や、環境に慣れることが壁になる。オランダから帰国した平山相太選手もそこで苦労したようだ。僕が15歳でブラジルへ渡ったときは週に2、3回ポルトガル語の先生に習っていたけれど、一番役立ったのは寮での実践だった。周りはみんなブラジル人。話さなければ食事にもありつけない。そうして半年もたつと、グラウンドでの監督の指示も理解できるようになった。

そこで学んだのは、語学力よりも、仲間の輪に自分からどんどん入っていく積極性が大切だということ。チームメートと一緒にカフェに行ったり食事をしたり。待っていても誘ってなんかくれないし、部屋でゲームをしている場合じゃない。自分をアピールしないと認めてもらえない。

一九九四年にイタリアのジェノアへ移籍したとき、温かく迎えてくれた人たちもいれば批判もあった。僕の場合、日本のマスコミが周りに大勢いたりスポンサーの存在もあったりして、普通じゃなかったから。それも自分の力、自分だからバッシングも起きるんだとプラスにとらえればいい……と考える余裕は、当時の僕にはなかった。だからこそ今、彼らにアドバイスを送りたい。経験を伝えたい。大きなお世話かもしれないけれど、向こうに行って一緒に戦いたいくらいなんだ。

（2006・9・22）

ハードな環境がプロ根性を養う

前週の水曜日（二〇〇六年九月二十七日）、4位のベガルタ仙台との勝負どころの一戦は久々に面白い試合をみせられた。勝てば昇格に向けて優位に立てる、向こうは絶対に負けられないという緊張感の中で、こっちの気合が上回った（3―1で勝利）。試合内容も良かったし、会場が国立競技場だったこともうれしいね。

僕が交代で退いたとき、観客席からものすごい拍手をもらった。中には立ち上がって拍手してくれた人もいて、単にご苦労さん、というだけじゃない何かを感じた。ありがたいことだし、すごく励みになる。

このチームにとって初めての首位という立場。でも今はできるだけ順位を気にせず、次の相手のことだけを考えたい。残り8試合、ここから先は我慢比べだ。大切なのは連敗をしないこと。どれだけ勝負にこだわってクールに我慢強く戦えるかがカギを握る。

J2は48試合の長丁場で徐々に疲れもたまってくるけれど、勝っていれば苦にならない。充実感が疲労感を上回る。勝利ボーナスももらえるし、生活が良くなって明日への希望も膨らむ。逆に負けが続くと絶望的な気分になるし、生活もセコくなっていく。プロってそういうものなんだ。

ブラジルにいた19歳のころ、週に2試合を2カ月こなし続ける地方の大会に出場したことがある。所属していたのは田舎のチームだったから、どこへ行くにも移動はバス。24時間かけて試合会場に向かったり、試合終了後にスタジアムの下の仮設ベッドみたいなところで寝て、そこから次の試合会場に向かったり。バスの中ではずっとビデオを流していて、行きはハリウッド映画なのに、帰りはなぜか決まってポルノ映画。それを24時間、延々と見せられながら帰る。未成年の僕にはちょっと刺激が強かったな。

グラウンドもひどくて、端に雑草が生えている程度で真ん中はカチカチの土。でもそんな環境でも、誰も文句なんて言わない。僕もサントスで出番がなくて移籍したばかりだったから、試合に出られればそれでよかった。

ハードだといわれるJ2も、それを考えたら楽なくらいだ。結局その大会は優勝できたし、いい経験になった。ただ、今もう一度出場しろと言われたら、それはちょっと……。

（2006・10・6）

厳しく謙虚なサッカー王国

十月上旬、リーグ戦が3週間近く空いたのを利用してブラジルへ行ってきた。永住権の更新のためで、3泊7日の強行軍。短い期間だったけれど、日本で僕も指導を受けたレオン監督が指揮しているコリンチャンスで練習させてもらったり、サントスの試合を見たりして刺激を受けてきた。

あらためて感じたのは、選手の目つきの鋭さ。僕の古巣でもあるキンゼ・デ・ジャウーという田舎のクラブで高校生年代のチームの練習を見学したとき、彼らは虎のような目をしていた。

プロになれるかどうかのふるいにかけられる一歩手前。これで食べていくんだ、はい上がるんだというハングリーさがみなぎっていた。向こうでは貧しくて教育を受けられない子供もいる。そんな中ではい上がるためには、やっぱりサッカーしかない。彼らを見ていて、自分が17歳のころを思い出した。僕もあんな目をしていたんだろうな。

ブラジルではテレビで一日中サッカー番組をやっている。一つひとつのプレーをスローで再生してこれは本当にオフサイドか、これは主審が間違っているんじゃないかと検証している。

選手に対しても、例えばGKのミスでゴールが生まれたらその映像を延々と流して、そのせいで負けたとハッキリ言う。言われた選手はたまらないし、日本では考えられないけれどブラジルでは当たり前。その重圧に耐えられない選手は落ちていく。そんな厳しい環境が選手を鍛え、審判を鍛え、サッカーファンの試合を見る目を養っていく。

ブラジルの強さを支えているのはそんな厳しさに加えて謙虚さだろう。もちろん世界一サッカーがうまい国というのは誰もが認めるところだし、プライドも持っている。それでも練習方法や戦術、クラブハウスの設備に至るまで、欧州の良いところを吸収しようとしている。今年のW杯での反省もあるんだろうけれど、より速くオートマチックにという世界の潮流に取り組んでいる。

あのブラジルですら、そうやってサッカーに取り組んでいるんだから、日本はよっぽど頑張らなくちゃ近づけない。選手も指導者も運営する人も、それぞれの立場でしっかりとしたビジョンを持ってハングリーに戦わないとね。

（2006・10・20）

好プレーに敵味方なし

優勝や昇格が懸かった試合の緊張感は格別だ。前週の柏レイソル戦がまさにそうで、立ち上がりから激しい試合になった。後半、2点リードされてから同点に追いついたときベンチからみんなが飛び出して抱き合った。交代で退いていた僕もグラウンドに入って喜んでいたら審判に注意されてしまった。でも、あの瞬間チームのまとまりを感じた。

ドイツW杯の日本代表は、ゴールが決まってもベンチで喜んでいたのはスタッフだけだったと言われているけれど、全員で喜び合えばチームに勢いが出る。試合に出ている選手も、出ていない選手も、一緒に戦っているという意識がサポーターにも伝わったと思う。

会場の柏サッカー場はグラウンドと観客席が近いので、相手サポーターのヤジもひっきりなしに飛んでくる。あの雰囲気はいいね。別にピストルで撃たれるわけじゃないから怖くはない。それだけ昇格を争うライバルとして、ウチを意識しているということの表れだと受け止めている。

サポーターというのは、選手以上にチームのことを思ってくれているものだ。ブラジルでは皆、親子代々で応援しているクラブがある。日本で好きなプロ野球チームを聞くのと同じで、向こうでも聞いたりする。で、自分と違うクラブだと、もうおまえは友達じゃない、となる。それくらい生活の中に根付いている。

試合中、ブラジルではゴールの前後には大歓声が上がる一方、落ち着いている時間帯もあってメリハリがある。日本だと常に歌や声援を送り続ける。どちらが良い悪いではなくて、そんな違いも一つの文化だ。日本ではJリーグができた途端、ヤジも変わった。それまで「バカ野郎」「しっかりやれ」という感じだったが、英語の汚い言葉を叫んだりするようになった。海外の影響を受けたんだろうね。

僕の理想を言うと、良いプレーに対しては、敵味方関係なく賛辞を贈ってほしい。ヒデ（中田英寿）から聞いた話では、イングランドの観客は相手チームのDFの見事なタックルに対しても拍手を送るそうだ。海外の過激で汚い部分から影響を受けるだけでなく、そんな余裕も持てたなら、サッカーの奥深さを感じることができるんじゃないかな。

（2006・11・3）

クラブW杯で見る世界

クラブチームの世界一を決めるクラブW杯に前回はシドニーFCの選手として、今回は大会親善大使として参加することになった。

実をいうと、親善大使を務めることに僕はあまり乗り気じゃなかった。来月の大会開幕直前まで、僕はJ1昇格が懸かった大事なリーグ戦に集中している。そんな状況で中途半端に引き受けるのは失礼だから。

渋っていたら国際サッカー連盟のブラッター会長から僕の自宅に直接、就任要請の手紙が届いた。可能な範囲でかまわないので協力してほしい、と。そんな経緯もあって引き受けることを決めた。大会を盛り上げるために少しでも力になれたらいいと思う。

2試合に出場した二〇〇五年は世界一を決める舞台に立つ喜びを感じたし、本当に楽しかった。どのクラブも大陸代表の誇りを懸けて真剣に戦っていた。実力的には欧州と南米が抜けているけれど、その中でもブラジル勢は前身のトヨタカップ時代から本当に勝負強い。

ブラジル人は自分たちがサッカー界のトップで、欧州サッカーを盛り上げているのも自分たちだと自負している。レアル・マドリードのロナウドやロビーニョ、バルセロナのデコもブラジル出身だからね。クラブW杯で優勝すればそれを証明できる。そんな気持ちをぶつけてくるんだ。

ただ二〇〇五年、選手として残念だったのは、お客さんの数。W杯並みに、とは言わないまでも、観客席の8割くらいは埋まってほしい。そうすればもっと緊張感が高まって、もっといい試合になる。

会場に足が向かないのはエジプトや中南米のクラブになじみがないことも一因だろう。そのせいで実力を正しく認識していない人が多いようだけれど、実際は強いんだということをこの大会で知ってほしい。試合を見れば、レベルの高さを実感できるはずだ。

日本でも、クラブW杯に出るためにJリーグで優勝したいという選手が増えていくと思う。ただ、この八月にガンバ大阪が韓国・蔚山《ウルサン》現代に0―6でショッキングな敗戦を喫したように、その道は険しい。アジアを制するために各クラブがもっと補強をして、優秀な外国人選手がたくさん日本でプレーするようになればいいね。（2006・11・17）

苦難のＪ１昇格に感動

試合を終えて、スタジアムから空港へ向かうバスの中で迎えた優勝の瞬間は感動的だった。昇格を争ったヴィッセル神戸と柏レイソルのどちらかが引き分け以下なら横浜ＦＣが昇格、両方が勝てなければ優勝が決まる状況。それぞれの試合経過を携帯電話で聞きながらの〝実況中継〟があちこちで始まった。

「神戸がリードした」「でも柏が負けているから昇格は決まるぞ」「神戸が追いつかれて引き分けた」「優勝だ！」。みんなものすごく興奮していた。

勝因を挙げたらきりがない。まず高木琢也監督が負けないサッカーをつくり上げたことが大きい。ライバルチームには外国人選手３人が抜けた途端に、攻撃力が落ちてしまうところもあったが、ウチはどんなときでも大崩れしなかった。23試合で17得点のアレモンはもちろん大事なゴールをたくさん決めてくれた。でも、アレモンや中盤のアウグストを欠いたときも、その穴を埋めた選手が持ち味を発揮した。

僕の考えでは33、34歳くらいの選手はベテランに含まれないんだけれど、このチームは山口素弘や小村徳男、僕といった35歳以上のベテランがケガをせずに主力として試合に出ていた。その個性を生かしつつ、若手・中堅とバランスを取りながらやりくりしたのは、やはり高木監督の手腕だ。

どこの国でも、どんなカテゴリーでも、1年間戦って勝ち抜けるのはうれしいこと。もちろんJ2は2部だから、日本のトップじゃない。来年はそのトップに挑戦することになる。

この位置にたどり着くまでに、クラブは本当に苦労してきた。自前の練習場がないから、一般の施設を借りて練習する。小学生チームの予約が入っているから早く出てくれと言われたこともある。僕も長くプロをやっているけれど、小学生のためにグラウンドを出ていかなければならなかったのは初めての経験だったな（笑）。それでも、そんな環境のチームで優勝したことに、優越感を感じたりもする。

来年に向けてのクラブとの話し合いはこれから。もちろん横浜FCが契約延長の意向を示してくれたら、それを第一に考える。レアル・マドリードから素晴らしいオファーが来たら、どうなるか分からないけどね。

（2006・12・1）

楽しむことの大切さ

自分たちが目指していたもの、チームの目的である優勝とJ1昇格。それを勝ち取ったわけだから、二〇〇六年は素晴らしい1年だ。

今から振り返ると、開幕前のキャンプのころはチーム状態が最悪で、どうなってしまうのかと不安になった。リーグ初戦で愛媛FCに負けたところから、よく軌道修正できたものだ。

あの状態から優勝する可能性はすごく低かったし、普通は無理。シーズン中にこんなに劇的にチームが変わったのは初めての経験だ。フロントと現場の監督・コーチ、医療スタッフや選手が全員、危機感を持って戦えたことが素晴らしい。

足達勇輔前監督には申し訳ないけれど、あの開幕1試合での監督交代という早い決断が良かったのだろう。悪い雰囲気、流れを断ち切るにはそうするしかなかった。フロントが本気で昇格を目指していたからできたことだ。でも、選手みんなは自分たちの責任でもあると感じていた。組織の長が責任を取らされるのは、勝負の世界では仕方がないこと。それでも監督一人の責任であるわけがない。

個人的には試合に出られない時期もあった。もちろん気分は良くないけれど、そんなときでも情熱を持って練習に取り組めた。試合に挑む気持ち、準備は1年通して変わらなかった。いいときも悪いときも含めて人生、サッカーだから。

ヴェルディ川崎時代は「絶対に勝てる」という自信、そして過信もあった。京都パープルサンガ、ヴィッセル神戸時代には「勝てるのかな」という不安が常にあった。そして今は「勝ちたいと考えるな。精いっぱい戦うことだけを考えよう」という気持ちだ。だから怖いものは何もない。

それは二〇〇五年、シドニーFCでクラブW杯に出場したときに教わったことだ。結果よりも自分が楽しむことが大切。そして楽しむ＝一生懸命やるということだと。それを実行できたことが今につながっている。

オフの間も常に体は動かしておくつもり。最終戦で痛めた右膝がまだ少し痛むので無理はできないけれど、卓球でもバドミントンでもスカッシュでも、とにかく運動をしておけばその後が楽だから。年末年始の遊びも控えめにしようかな。（２００６・12・15）

Ⅱ

不惑の力——2007年

前年にJ2で優勝を果たした横浜FCは、J1に初昇格して二〇〇七年を迎えた。そして、この年の二月二十六日で40歳になった僕は、九月一日のサンフレッチェ広島戦で「J1史上日本人選手最年長ゴール」を記録するなど3得点を挙げることができた。でも、初昇格のチームの勝ち星はなかなか増えてはいかなかった……。

前年以上の自分をつくる

今、僕はグアムで自主トレの真っ最中だ。チームが前の年十二月十日からシーズンオフに入った後も、二十四日までランニングなどを続けていた。結局、休んだのは年末年始の9日間だけ。家族とイタリア旅行に出かけて、正月は自宅でゆっくりして、一月三日から始動。一月六日にグアム入りして走り込みや筋力トレーニングを続けている。

旅行中は家族との充実した時間を過ごせた。ただ、その間もストレッチなど最低限の運動は続けていた。やっぱり完全にサッカーのことを忘れることはできないから。それに、歩き疲れた子供を抱っこしたりしながら買い物や観光をしていたから、1試合分くらいは歩いたんじゃないかな（笑）。

選手によっては、休み明けに体重オーバーになっているケースもある。僕の場合、そういう経験はほとんどない。若いときなら戻すのに時間はかからないけれど、年齢を重ねるにつれてきつくなってくる。

朝6時に起きて6時半からランニング、食事と休憩を挟んで午前・午後にトレーニング。その日の体調によって少し練習量を落とす日もあるけれど、グアムでは基本的にこのリズムで10日間を過ごす。チームの全体練習やキャンプの前に、1年間戦うための基礎となる部分をここでつくっておく。シーズンをケガなく乗り切るためには欠かせないことだ。

20代半ばのころはもっと激しいメニューをこなしていた。ただ、当時は自己流で、動けるだけ体を動かすという感じ。果たしてそれがいいパフォーマンスにつながっていたのかどうかはわからない。

今は専門のコーチにみてもらいながら、より質の高いトレーニングを続けている。帯同してくれている専属の調理師に食事も三食とも作ってもらっている。J1という厳しい舞台で勝ち抜くために、あらゆる面で前年以上の自分をつくり上げようと思っている。

3年前から利用しているグアムの合宿施設は街から離れた丘の上にある。トレーニングに集中できる環境で、ひたすら部屋とグラウンドを往復する毎日。今、体をいじめておけば、三月からいいシーズンを迎えられる。そう思いながら自分を追い込んでいるんだ。

（2007・1・12）

40歳でみんながやれなかったことをやる

懐かしい顔ぶれが並んでいた。二〇〇七年一月二十一日に日本平スタジアムで行われたノボリ（澤登正朗）の引退試合。チーム、日本サッカーのために貢献した選手を送りだそうと、清水エスパルスや元日本代表の選手たちが集まった。スタジアムにはほぼ満員の観客。選手とサポーターが一緒になって、素晴らしい雰囲気が生まれた。

そんな場に呼んでもらえることが本当にうれしい。公式戦とは違う意味で、サッカーっていいな、という気持ちになる。ノボリが選手として最後だという寂しさはあるけれど、僕自身も楽しませてもらった。

試合前に組んだ円陣では、ノボリのためにもしっかりとしたプレーをしようと声をかけた。引退試合といっても、みんなが勝負にこだわる意気込みを持っていた。やっぱり元日本代表の面々は負けず嫌い。だからこそ日本のトップに立つことができたんだろう。参加した選手たちはサッカーの達人ばかり。引退しても、体に染みついた感覚はそう簡単には消えない。一人だけ横綱体形になっていた礒貝《いそがい》洋光選手も、足元にボールが来れば素晴らしい技術を披露していた。ノボリはもちろんだけれど、49歳のラモスさんだって今でも現役でプレーできると僕は本気で思う。残り15分を逃げ切るぞ、という局面だったら、選手を鼓舞しながらチームに貢献できるだろう。

ただ、その道を極めた人たち、トップランナーには自分の中に譲れないイメージがある。プロ野球の投手なら先発して完投する姿。米国に渡る元巨人の桑田真澄投手も、最初から5回だけ投げればOKとは思っていないはずだ。サッカーなら90分間戦い抜くこと。15分だけでいいとは思わない。そして、そのためだと思うから苦しい練習にも耐えられる。

僕の場合、「もうすぐ40歳だから仕方ない」と言われてしまうのが嫌だ。逆に40歳でみんながやれなかったことをやってみたい。走り込みでも、40歳には無理だろう、という量を走りきる。チームの走力テストでも常に上位に入っていたい。

もちろん、20歳前後の選手と違って体に気をつけなければならないし、ケガをしては元も子もない。でも、ときには無理をする部分もないとね。そんな日々がとても充実しているんだ。

（２００７・１・26）

「今日は楽しそうだったね」と言われたい

この前の週末までのシドニーキャンプでは素晴らしい環境で順調にトレーニングを積めた。前年末に痛めた右膝の不安もあったけれど、2度の練習試合にも出場できた。その試合では前年までの2トップではなくFW1人の布陣で、僕のポジションは中盤だった。ただ、システムというのは監督が考えることで、僕にはあまり興味がない。FWであろうとMFであろうと、要はサッカーをやるだけ。攻めて守って走って、というのは同じなんだから。

開幕から数試合で結果が出せるかどうか、それがその後の戦いにも大きく影響する。その大事な序盤、横浜FCは強豪との対戦が続く。特に初戦の相手は王者・浦和レッズ。劣勢を強いられることになるだろう。そんな中でもリラックスして、遊び心を持って戦いたい。

「遊び心」といっても、もちろんふざけるという意味じゃない。股《また》抜きやリフティングを披露することとも違って、もっと感覚的なもの。今まで僕が「楽しむ」と表現してきたものと同じで、100パーセント真剣にプレーする中で余裕を持って、自分のリズムで戦うというイメージだ。

それがあれば豊富なアイデアも浮かんでくるし、良い間合いでプレーできる。相手に脅威を与えることにもなる。マラソンでライバルと並走しているとき、相手の息が乱れていなかったら嫌だよね。競り負けてしまうのかなって。それと同じで、相手のプレーや表情から余裕を感じたら精神的な重圧になる。

圧倒的に押されて守備に駆けずり回る試合もあるかもしれないけれど、そんな中でも遊び心は持っていたい。「抜けるものなら抜いてみろよ」という威圧感を漂わせていたら、相手は「ボールを取られちゃうかな」という気がしてくるものなんだ。ドリブルで右、左と揺さぶってきても慌てず、自然に体が反応して足が出る。それが理想だ。

こうして言葉に表してみても、形のないものを伝えるのは難しい。だから、僕のプレーを見て遊び心を感じてほしい。もし感じられなかったら、僕が表現できなかったということ。試合後に「今日は楽しそうだったね」と言ってもらえたらすごくうれしいし、そんな試合をたくさん見せたい。

（2007・2・9）

40代のテーマ

二月二十六日は僕の誕生日。40歳だ。Jリーグの40代の現役選手といえば、僕も同じチームで一緒にプレーしたラモスさんがいた。僕が初めてラモスさんに会ったのは、たしか21年前。なのに雰囲気や印象は今も出会ったころとほとんど同じ。年齢不詳というか、年なんて関係ない感じだ。

僕は今の25歳くらいの選手にオジサンと思われているかもしれないけれど、ずっと変わらないラモスさんを目指したいね。

今までの節目を振り返ると、30歳のころにサッカー選手として一番焦りがあった。体が動かない、衰えてきたということを急に感じたから。どう対処すればいいかもわからなかった。

それまでは調子が悪くなると、練習や筋トレで追い込めば元に戻った。同じようにやればいいと思ったのが間違いで、逆に体が重たくなってすぐ疲れてしまうし、ダッシュをしてもキレが無くなってしまった。こんなはずはない、というもどかしさがあった。

それがちょうど一九九七年から翌年、日本代表に関してカズ不要論がわきあがったころだ。コンチクショウと思ったけれど、そういわれても仕方がない状態だった。それだけパフォーマンスは落ちていたから。今までで一番苦しい時期だった。でもその経験のおかげで、この10年間頑張ってこられた。休息も必要だということ、年齢に合わせたトレーニングというものをつかむことができたから。

つけすぎた筋肉をそぎ落として、量より質を意識した練習に切り替えていく中で、32歳のころにようやく楽になった。若いときにしっかり鍛えていた蓄積があったからこそ、筋肉や練習量を「落とす」ことができたんだろう。そうでなければ落としても単に体力がなくなるだけで、引退へと向かっていくことになる。

今はそのときのような急速な衰えは感じない。もちろん見えない部分では少しずつ力が落ちているはず。それを食い止めようと日々努力している。たとえ若々しくはなくても、生き生きとした選手でいたい。「カズ、40歳だけど本当に大丈夫かな」とファンのみんなを心配させつつ「でもなぜか期待しちゃうんだよな」と思ってもらえるようなミステリアスな部分。それが40代のテーマだね。


（2007・2・23）

初戦の感動を忘れるな

横浜FCのJ1での挑戦が始まった。初戦は前年王者の浦和レッズに1―2で敗戦。僕は右足のケガもあって出場できなかったけれど、チームは狙い通りの戦い方を90分間貫いた。もちろん負けだから良かったとは言えない。それでも横浜FCのコンセプト、スピリットは示せた。

5万7000人を超える大観衆が後押ししてくれた面もある。ほとんどが浦和に対する声援でも、その熱い空気が敵地に乗り込んだ僕らの気持ちも高ぶらせてくれた。ただ、J2やその下のJFLのチームでも一度だけなら惜しい試合はできるだろう。周りの人はほめてくれるかもしれないけれど、大事なのは継続することだ。

今後の33試合、それほどお客さんが入らない試合でも同じスピリットで戦えるか。「まあいいや」という雰囲気が漂って、中だるみするとまずい。負けを他人のせいにしたりして、J2落ちの危機が来る。浦和レッズ戦で最初にグラウンドに入ったときの感動、心構えを忘れちゃいけない。

次節の相手は横浜F・マリノス。同じ街を本拠とするチームとのダービーマッチだ。僕はイタリア・ジェノア時代に、サンプドリアとのジェノバ・ダービーを戦った。4万人以上の観客が真っ二つに分かれて、ジェノアのチームカラーの赤・青と、サンプドリアの青にきれいに染まっていた。そのときの地面が揺れるような盛り上がりは、今まで僕が体験した中で一番のもの。その試合でイタリア初ゴールを奪えたのも、熱い雰囲気のおかげかもしれない。

二〇〇一年末、旅行でジェノバの空港を利用したときのこと。スーツケースに「ありがとう」と書かれた紙が張られていた。やられた、中の荷物を盗まれた……、と思ったら「ダービーでゴールを決めてくれて」と続いていた。多分、空港職員が書いたんだろう。7年も前のことを覚えてくれていたことに感激したし、それだけダービーが人々の生活にとけ込んだ特別なものなんだと理解した。

横浜にもフリューゲルスとマリノスの合併という8年前の因縁がある。そんなグラウンド外の様々な思いも乗せて、ジェノバのように色鮮やかなダービーに育っていけばいいね。

（2007・3・9）

他人のせいにするな

J1で2試合目の横浜F・マリノス戦、横浜ダービーで初勝利を飾ることができた。粘り強く守り抜くウチらしい勝ち方だったし、自信にもなった。かと思えば、翌週の川崎フロンターレ戦では0―6の大敗。自分たちの良い面をまったく出せなかった。

どちらの試合も今のチーム力が表れたんだろう。1つ勝ちホッとした部分、油断があったと言われても仕方ない。そこがJ1でトップクラスのチームと、昇格したばかりのチームの精神面の差なのかもしれない。これも勉強。7点差で負けなくてよかったくらいの前向きな気持ちも必要だ。

ただ、そういう僕もプロとして恥ずかしい気持ちはある。同じプロなのに6点も奪われて負けるのは情けないことだ。選手一人ひとりがそうした自覚を持って、自分の責任を感じなければいけない。監督がどうだとか、あの選手がどうだったとか他人のせいにするのが一番良くない。みんなそれぞれ足りなかった部分があるはずだ。

まず自分を省みること。それは多分、サッカーに限った話じゃない。「上司がちゃんとしてくれないから失敗した」とか、「僕はできるのに、あの人のせいで仕事がうまくいかない」と、常に誰かに責任をなすりつける人が会社にもいるんじゃないかな？　そんな人と、「他人はともかく、自分のここがダメだった」と考える人の差は歴然と開いていくような気がする。

チームが勝ったことだけで、充実感が得られるわけじゃない。横浜F・マリノス戦で初勝利はうれしかったけれど、僕は後半途中で代えられたことが悔しかった。

自分の出来が良かった試合でも必ず反省点はある。その直後は余韻に浸っていても、家に帰って時間がたつと、あの場面でミスがあったと悔しさがわいてきたりする。しっかり反省できる人間がそろっている集団は強くなる。

どうすれば自分がレベルアップできるのか、常に考えないといけない。僕が横浜FCの若手に、ベテランを追い越すくらい伸びてほしいと願っているのも、彼らと切磋琢磨《せっさたくま》することで自分の力もアップするからだ。「人のため」であるのと同時に「自分のため」。それでチームは成長する。プロとはそういうものなんだ。

（2007・3・23）

言い訳をする前に努力を

月曜日の朝、生まれて初めて街頭でビラ配りを経験した。目的は四月十四日の鹿島アントラーズ戦に7万人の観客を集めること。チームメートと一緒に練習場近くの駅前で、一人30枚ずつ配って来場を呼びかけた。

試合をする日産スタジアムは国内最大の7万2000人収容だから、3万人入ってもガラガラに見えてしまう。先日、同じ会場で日本―ペルーの代表戦があったが観客は6万人。それを考えると、7万人を集めるのがいかに大変か分かる。

ビラ配りは地味な作業だけれど、クラブを挙げて7万人を集めようという試みだから、選手も努力しないといけない。ただ、世間の人が受ける印象は様々だ。「頑張っているな」と好意的にとらえてくれる人だけじゃない。「安っぽいな」とか、「あのチームはそんなに困ってるんだ」とマイナスのイメージを持つ人もいるだろう。

僕は木曜日の早朝にテレビ番組でも試合をPRしたけれど、クラブのために安請け合いをしたわけじゃない。お客さんが集まらなかったら「カズが頑張ってもこの程度か」と思われて恥をかいてしまう。僕にはそんなリスクもある。だから必要性や方法について、クラブの担当者とじっくり話し合った上でビラ配りも引き受けた。やるからには一生懸命やって、意味のあるものにしたい。

本来、一番の集客策は魅力的なサッカーを披露すること。実力をつけて優勝戦線に加われればメディアにも取り上げられるし、隠れファンもスタジアムに足を運んでくれる。実際に前年、J2で優勝したときは一気に観客数も増えた。

天気が悪いと客足が伸びないとか、駐車場が少ない会場は観客動員が振るわないという話を聞く。でもそれは全部言い訳。本当に面白い試合なら、どこでやっても満員になる。交通アクセスが悪かろうと雨が降ろうと、W杯ならみんな見に行くでしょ。言い訳をする前に、魅力あるものをつくる努力をしなければ……。

横浜FCはまだ優勝争いに絡むような力を備えていないから、今回のような活動も必要になる。実際にどれだけのお客さんが来てくれるかは、当日になるまで分からない。まあキリのいいところで10万人（笑）くらい集まればいいね。

（2007・4・6）

監督との信頼関係がいいプレーを生む

７万人の動員を目指した鹿島アントラーズ戦の観客数は２万人弱。目標には及ばなかったけれど、ビラ配りやテレビ出演など、みんなで努力した分だけ意味はあったはず。今回、初めて見に来てくれた人がまたスタジアムに足を運んでくれればいい。ただ、チームが最下位では人気も上がらない。やっぱり勝たなければ。

その試合で僕のＪ１での出場がちょうど３００試合になった。でもサッカーで数字や記録は過去のもの。大切なのは今だ。３００試合、リーグ通算１３６得点という積み重ねは自分にとって宝物だけれど、それにぶら下がっているわけじゃない。過去を振り返るより明日を見ること、今日頑張ること。80歳になってもその精神でいきたいね。

実際のところ、僕はブラジルでも１００試合くらい出場している。それにイタリア、クロアチア、日本リーグやＪ２なども合わせると全部で５００試合を超えているはずだ。プロ生活22年目、それくらい出ていないとおかしいよね。

それだけ経験を積んだ今と、最初の一歩のころは大違い。サントスでのプロ初戦は緊張して体が動かなかった。しかも、その後ブラジル代表監督になる、当時チームメートだった闘将ドゥンガに試合中にどやされて19歳の僕は余計にびびってしまった。あんなに怒鳴りまくる人だとは知らなかったし。

チームも負けて、翌日の新聞では10点満点で2点をつけられた上に「荷物をまとめてすぐ日本に帰るべきだ」「彼にサントスの11番は重すぎた」と散々な評価。それっきり半年くらい試合に使ってもらえなかった。

チャンスを与えられれば誰でも一生懸命やる。ただ、選手は自分が監督に信頼されていないと思うと、ミーティングで指示されたことしかできなくなるものだ。ベンチの方が気になって、ミスしたら「もうダメだ」と追い込まれていく。サッカーに限った話ではないだろうし、横浜FCの控えの若手もそうかもしれない。

僕はマツバラという田舎のチームへ移籍したら常に90分間使ってもらえるようになった。監督の信頼感が伝わってきたから、思い切った挑戦もできた。若々しく伸び伸びとしたプレーを選手が披露できるのは、監督との強い信頼関係があってこそなのだ。

（2007・4・20）

アジアをもっと知ろう

先日、横浜FCに若い韓国人選手が練習生として参加していた。驚いたのは、彼が「カズダンス」を知っていたこと。僕が日本代表で決めたゴールや得点後のパフォーマンスをよく覚えているという。彼の年齢からすると、当時は小学校の低学年か幼稚園児くらいだったはず。それでも僕の存在は韓国でも有名だし、リスペクト（尊敬）されていると話してくれた。

今季開幕前には韓国Kリーグのクラブとの練習試合があって、僕が相手の反則で倒れた場面があった。するとその選手がベンチにいるコーチに促されて僕のそばへ来て、ペコリと丁寧に頭を下げて謝った。そのコーチは元韓国代表選手で、僕と何度も対戦した人。そんなに悪質な反則でもなかったし普通は試合中に謝罪なんてしないものだけれど、彼も若い選手も僕のことをよく知っていて敬意を表してくれた。

韓国の人々に注目されるのはうれしいことだし、自分の活力になる。ただ気になるのは、アジアの人々が日本のサッカーに視線を向けてくれているのに、僕ら日本人は灯台下暗しというか、欧州の方にばかり目を向けてしまいがちなこと。サッカーに限らず、隣国のことを知らなすぎるような気がする。

日本に関心が集まるのはそれだけJリーグの環境、盛り上がりなどに素晴らしい面があるから。だからこそ、もっと日本から積極的にアジアの国々と交流を深めていかなければ。

選手がもっと自由に行き来できるように特別な外国人枠を設けるとか、韓国や中国、タイくらいまで含めてリーグ戦をやるとか。例えば毎週水曜日はアジア勢との試合を組んで、新聞の紙面もアジアの話題で埋まる。15年、20年先にそうなっていれば面白い。

スポーツに国境はないというように、在日韓国人の李忠成選手が日本に帰化して五輪を目指し日本のために戦っている。韓国・中国と日本の間には歴史的な問題など複雑な事情もあるけれど、それを飛び越えて尊敬し合えるのがスポーツの素晴らしさでもある。

僕らは韓国や中国についてまだまだ知らないことが多い。サッカーを通じて互いをより身近に感じられたらいいし、そんな力がサッカーにはあると思うんだ。

（2007・5・4）

意義深い「ゴラッソ」

サンフレッチェ広島戦での今季初ゴールの後の反響はすごかった。知人に会いに神戸に立ち寄って、翌日に東京に戻るまでの間にタクシーに乗るときや新幹線の切符を買うとき、あらゆる場所でみんなが「おめでとうございます」と祝福してくれる。

ゴール自体もきれいな形で、チームメートはラテン語系の言葉で素晴らしいゴールという意味の「ゴラッソ」だと言ってくれた。僕は日本人最年長ゴールという数字的なものが重要とは思わないし、どんな形のゴールでも1点は1点。それでも、みんなが期待してくれていた40代での初得点が美しいものだったというのは悪くない気分だ。

その3日前のナビスコカップのFC東京戦でウチらしく1―0で競り勝っていて、連勝で自信をつけたいという大事な一戦でもあった。そこで難波（宏明）と僕、FW2人が1点ずつ取ったことも意味がある。これまでチームで2点以上奪った試合は一度もなくて、完封負けが多かった。それに野球でクリーンアップが打つのに似て、FWの得点はチームを勢いに乗せるからね。

ゴールの時間も前半終了間際で、2点差になって相手がガクッときているのもわかった。ハーフタイム、「0点に抑えるぞ」「粘っこくいくぞ」と声を掛け合うみんなの顔つきが連敗中とは全然違う。話す内容は今までと変わりないけれど、表情に不安がないし背筋がぴんと伸びた感じ。チームにとって大きな勝利、大きなゴールだった。

この2試合、今までリーグ戦に出られなかった選手たちが先発で貢献した。ナビスコカップしか出番がなかった彼らに、僕は「ナビスコも立派な公式戦だし、勝てばカネ(勝利給)だってもらえる。おまえたちは代役じゃない。プライドを持てよ」と言い続けてきた。

彼ら自身も、連敗続きのチームを歯がゆく思っていたという。ピッチの外から見ていたからこそ気付いたこともあるだろうし、自分が試合に出たときにやるべきことも理解していた。

もちろん外された選手はコンチクショウと思って、ポジションを取り返そうと頑張るはず。勝っていればそんな競争心がどんどんあおられて、良い方向に転がっていく。やっぱり勝利は何回味わっても慣れることがない。本当にいいものだ。(2007・5・18)

悩ましいカズダンス

大分トリニータ戦では今季2点目でチームの勝利に貢献できたし、久々の「カズダンス」に喜んでくれた人もいたようだ。最近はゴール数も減っているから、なかなかパフォーマンスを披露する機会もないけれど、得点を決めても踊るかどうかのタイミングが意外と悩ましい。

アウェーだと遠慮してしまうし、結果的に試合に負けてしまうと印象も良くないから、開始早々のゴールではやりにくい。逆転負けしたときは、やらなきゃよかったと後悔もする。それにあのダンスは20代のときによくやっていたものだから、今は照れもある。

ただ、若いころは試合状況を気にせず、勢いで踊っていた。ヴェルディ川崎時代は0—2からでも逆転する自信、自分がゴールすれば勝てるという自信があったから、前半1分のゴールでも踊っていた気がする。

テレビ番組でヤンキースの松井秀喜さんと一緒になったことがあった。プロ野球の世界ではは相手チームへの敬意から、ホームランを打ってもあまり喜んではいけないらしい。それに引きかえ、僕はダンスまでやっちゃってスミマセンと苦笑した。松井さんはサッカーと野球では1点の重みが違うから喜びが大きいんだろう、とフォローしてくれた。

確かにサッカーは90分間で決定的なチャンスは少ないし、1点も入らない試合もある。まだか、まだかとみんなが待っているから、ゴールの瞬間にベンチとの一体感、ウオーという熱狂が爆発するんだろう。ゴールには流れが大きく影響するので、1つのゴールをきっかけに続けて取れたりする。肩の荷が下りて自信と余裕を持てる。

僕の場合、今季は主にサイドMFをやっていたからそういう重圧はなかったけれど、FWで出場した最近のリーグ3試合で2ゴールだから流れはいいよね。

ゴールにしてもダンスにしても、見に来てくれた人たちが喜んでくれることが一番うれしい。いいものを見たなと気分良く帰ってくれて、その話題を肴《さかな》に一杯飲みにいってくれるようかな。

プロ野球の王さんや長嶋さんのエピソードが酒の席や電車の中で語られるように、世間話にサッカーが入り込む。そうなることを目標にこれからも頑張っていきたい。

（2007・6・1）

実力を見せるのは難しい

平本一樹や山田卓也ら新戦力が横浜FCに続々と加わってきた。チームが好調なときでもケガ人や手薄なポジションを埋める補強はあるし、今のように結果が出ていなければなおさら必要だ。ただ、同じポジションの選手は心中穏やかではいられない。彼らのモチベーションを維持するのもチームとして大事なことだ。

シーズン途中の移籍にはリスクもある。どんなに実績のある選手でも力を発揮できるとは限らない。実戦で試してみないと見えないものがある。チームメートとの相性や監督と考え方が合うかどうか、それに家庭の状況も大きな問題だ。外国人の場合、家族と離れていると調子が悪くて、奥さんが来日した途端に元気が出るなんてことも少なくない。日本人だと単身赴任の方がリフレッシュできるケースもあるようだけれど。

3人までという出場枠がある外国人選手は厳しい立場だ。チームに30人の選手がいても、30分の1ではなくて3分の1の特別な存在と見られる。僕もイタリアではそうだった。チーム内の若手と同じ力しかなければ、長くても2、3年で帰ってしまう外国人をわざわざ使うことはない。特にFWはゴールというわかりやすい基準があるから、はっきりしていい面とシビアでつらい面がある。

例えばガンバ大阪のマグノアウベスはここまで13試合4得点で調子が悪いといわれる。でも実際に対戦してみると、シュートをどんどん打ってきてDFにとって嫌な動きをする怖いFWだった。首位を走るチームの中で、前季得点王という実績もある分だけ評価の基準値が高いのだろう。

ときどき、野球選手はいいな、と思うことがある。サッカーではFWがどんなにチャンスを演出しても、無得点で負ければ給料に加算されるどころか査定はマイナスだ。それが野球の場合、チームが完封されても、自分がヒットを3本打てば猛打賞だし打率は上がる。チームとは別に個人の成績が積み重なっていく。

もちろん常に数字がつきまとう大変さもあるだろうから、どちらがいいと簡単には言えない。すべてを合理的に数字で判断する米国的な野球と、90分間で1点を争う欧州的なサッカーというそれぞれのスポーツ性なんだろうね。

（2007・6・15）

ケガを悟られまいとする習慣

先日、突然の腰痛に襲われた。寝返りも打てないし、イスに座って上半身を前に動かすだけでも一苦労。90歳のおじいさんになったような感じで、結局2試合を欠場してしまった。

腰を痛めたのは今回が初めてではなく、10年ほど前から時々経験している。それ以外にも膝や足首など、悪いところを挙げたらきりがない。10年、20年もサッカーを続けていればどこかに痛みを抱えていて当たり前。だからトレーナーにケアしてもらったり、筋肉を鍛えてカバーしたりする。

プロにも痛みに強い選手と、そうでない選手がいる。医者に全治2週間と言われて、きっちり2週間休むか、1週間で何とかしてやろうと考えるか。どちらが悪いというものでもないけれど、少しでも早く復帰しようという意識があれば治り具合も変わってくるはず。

僕の場合、ケガを悟られまいとする習慣がブラジル時代に染みついた。向こうでは「本当にサッカーができるのかよ」とバカにされるところから始まった。少しでもプレーが悪ければメンバーから外されるし、痛がっていたらマイナスイメージを持たれるだけ。ケガをしたと気付かれてはいけないし、自分から伝えるなんてもってのほかだ。

日本でも、試合に出られるかどうかの危機を何度も乗り越えてきた。足首が倍ほどに腫れ上がっても、2日後の試合に出場したこともある。そうしないとポジションを奪われてしまうから。代わりの選手が活躍したら、僕はもうずっと出られなくなる。だから休んじゃいけないという危機感がいつもあるんだ。

僕は基本的に、日常生活ができるなら試合にも出られると思っている。立ったり座ったり、自分でお風呂に入れるならサッカーもできるはず。それでケガが悪化したこともあるし、ベストの状態でなければチームに迷惑をかけるという意見もあるだろう。でも100パーセント治るまで休んでいたら、いつまでかかるか分からない。この年齢で1カ月も2カ月も休んだら選手生命も終わってしまうしね。

僕の考え方は古いと言われるかもしれないけれど、そうやってプロで20年以上戦ってきた。その古い考えが今まで僕を支えてきたんだ。

（2007・6・29）

アウェーでいかに心身のコンディションのバランスをとるか

日本代表が今、アジアカップ3連覇へ向けて厳しい戦いに挑んでいる。ライバルは日本をつぶすつもりで向かってくるし、組み合わせも厳しい。初戦でドローに持ち込まれたカタールと同様に、アラブ首長国連邦（UAE）はアフリカ系のような高い身体能力を持っている。ベトナムには地元の利があるし、侮れない存在。1次リーグを突破するのも簡単じゃない。

海外合宿では、予想もできないアクシデントが起きる。一九九六年のUAEでのアジアカップでは、日本人シェフが食事を用意してくれることになっていたのに、現地に着くとホテル側が厨房《ちゅうぼう》を使わせないと言い出した。

そこで、借りている部屋の1つをこっそり食堂に仕立てて、外で調理したものを運び込んでみんなで食事をした。事前にしっかり打ち合わせしていたことが、急に変更されてしまう。アウェーの戦いには、そんな難しさもつきまとう。

もちろん気候や生活習慣の違いも厄介な問題だ。特に東南アジアの暑さ、湿気は尋常じゃない。自分が病気になったか、体力が落ちたんじゃないかと思うくらい体が重くて、試合が始まる前から疲れている。

3週間以上もホテル生活が続くことだけでも大きなストレスになる。グラウンドと宿を往復するだけの単調な日々に飽きてしまう。僕の場合、海外合宿ではできるだけ部屋にこもらないようにしている。散歩したり、タクシーに乗って街へ出掛けたり。代表のときはゴンちゃん（中山雅史）と一緒に行くことが多くて、たまのオフの日には一杯だけビールを飲んで息抜きをした。リフレッシュの仕方は人それぞれだけれど、心身のコンディションのバランスをとることが大切だ。

不利な条件はあるけど、そんな中でも日本は勝つ経験を積んできたし、二〇〇〇年と〇四年には厳しい環境の中で連覇を果たした。それだけの実力がある。技術と戦術、それに勝ち運のある監督もいるから、きっと大丈夫と信じている。

話は変わるが、昨季J1昇格を目指して一緒に戦ったアレモン選手が母国ブラジルで事故で亡くなった。陽気な彼の姿が目に焼き付いているし、ご遺族の心境を考えるといたたまれない。ご冥福をお祈りします。

（2007・7・13）

全力プレーの誓い

オールスター戦にファン投票で選んでもらい、出場できることになった。僕への票数は東軍でトップの約34万4000票。プロ野球のオールスター投票だとケタが一つ違うところだけれど、それでもたくさんの人が自分に興味を持ってくれていることに心から感謝している。サポーターが選ぶベストイレブン、一番見たいと思う選手の中に自分がいることは選手冥利《みょうり》に尽きる。

J2からJ1に戻ってきた今季はアウェーでも拍手を送ってもらうことが多くて、これほどファンの声援のありがたみや重みを感じられる年はない。1票を投じてくれた人たちは僕にMVPを取ってもらいたいだろうし、ゴールが見たい、カズダンスも見たいと思ってくれているはず。その期待に応えられるように、心身ともにいいコンディションで試合に臨みたい。

互いの長所をつぶし合う現代サッカーの中でオールスターは良い面を出し合う戦いで、

それほど戦術に縛られることもない。なぜ自分が選ばれたのかを考えながら、好きなプレーやファンが見たいものを見せることが大事。ただ、何か特別なプレーをするわけじゃない。リーグ戦も日本代表戦もオールスター戦も変わりなく、一つの真剣勝負として同じように準備をする。

お祭りでも全力を尽くすのかと聞いてくる人がいるけれど、そんな質問自体がおかしい。もし必死になりづらい雰囲気があるとすれば、それは日本の悪いところ。試合前の空気がリラックスしているからといって、変なプレーをしていいとは思わない。遊びではなく、最高のプレーを披露するのがオールスターという舞台だから。

試合も練習も遊びのフットサルでも、僕は常に全力でやる。勝てば喜ぶし、誰かがおかしなミスをすれば怒る。そうしなければ面白くないし、負けたくないから。それはサッカーに限ったことではなくて、仲の良い友達に卓球で負けたら口を利かないくらいだ。

オールスターで頑張りすぎてケガをしては元も子もないという人もいる。でもケガは選手の宿命だし、そこで故障するようならそのレベルということ。だからこそ気を抜かず、しっかりと準備を怠らないことが大事なんだ。

（2007・7・27）

かつての夏合宿で得たもの

八月といえば夏休み。子供にとっては毎日遊び回れる楽しい時期で、僕の場合はサッカーばかりやっていた。自分の叔父さんが監督をしていた城内《じょうない》FCというクラブで、長野や神戸の大会に遠征して回っていたから、静岡の自宅には合計しても1週間もいない。クラブに入っていた小学1年から中学3年までの9年間、ずっとそういう夏休みを過ごしていた。

そんな中で一番思い出に残っているのは、毎年恒例の伊豆・下田での夏合宿だ。その厳しさが半端じゃない。炎天下で一日ずっと練習という日もあるし、宿舎とグラウンドの間の坂道だらけの約5キロを毎日走って往復。連日の猛練習だった。

宿舎への帰り道で、一つ年上の先輩がバタッと倒れてしまったこともある。救急車で病院に運ばれて、医者から「危険な状態だから、ご両親を呼んでください」と言われたそうだ。幸い大事には至らなかったけれど、それほど厳しい練習を続けていた。僕がチームに入る前には、合同で合宿に参加した他チームのメンバーが耐えきれずに2日目の朝に脱走してしまったこともあるらしい。

30年くらい前だから許されることで、今の時代に同じ指導をしたらきっと問題になってしまうだろう。それでも当時、合宿に引率で来ていた保護者からも一切、苦情は出なかった。僕自身つらかったけれど、そんなスパルタ教育のおかげで鍛えられたとも思う。

夏合宿の厳しさはサッカーの練習のときだけじゃなかった。食事でも好き嫌いなんて許されない。どんなに苦手なものが出ても、全員が全部食べ終わるまでは1時間でも2時間でも待っていないといけなかった。

みんなで寝泊まりして、サッカーの練習も小学生と中学生が一緒にやる。年の離れたチームメートと過ごすことで、人間関係の面などで学ぶことも多かっただろう。今の子供たちはそういう経験をする機会が少ないようだけれど。

僕は自分の息子2人に、あまり厳しいことは言わない。「ありがとう」と「ごめんなさい」「おはようございます」などのあいさつを誰に対してもキチンと言いなさい、というくらい。だから時々、あの夏合宿で鍛えてもらった方がいいかなと思うこともあるんだ。

（2007・8・10）

44歳の選手が持つ雰囲気

夏の高校野球が閉幕した。僕は子供のころから野球が大好きで、夏休みのサッカー合宿のときもテレビやラジオの甲子園の実況中継が楽しみだった。家の近所の強豪・静岡高校から聞こえる野球部のバッティング練習の音に影響されて、プラスチックバットとゴムボールを持って遊びに出掛けたりしていた。

ブラジル時代はテレビ観戦もできなかったので、同世代のＰＬ学園の「ＫＫコンビ」については、知っていたけれど強い印象はない。それよりも小学生のときに見た東海大相模の原辰徳さんとか、初出場初優勝で旋風を起こした桜美林の方が記憶に残っている。

23歳で帰国してからは、チームより個人に注目して見るようになった。例えば松井秀喜さんや松坂大輔さん、二〇〇六年だと斎藤佑樹、田中将大の両投手。飛び抜けた存在は、やっぱり気になるものだ。

そんな選手たちの中で、一番印象深いのは名古屋電気高（現愛工大名電）の工藤公康さん。僕が中学3年のとき、延長12回をひとりで投げ抜いて21個の三振を奪った試合をテレビで見て、縦に割れるカーブというものを初めて知って驚いた。

そしてプレーよりも心に残っているのは準決勝の報徳学園戦、チェンジの際に相手の金村義明投手に笑いながらボールを手渡していた姿だ。ふざけていたわけじゃなく、いい意味での余裕があるから出てきた笑顔なんだろう。泥まみれになって必死にプレーするのが当たり前という高校野球の空気の中で、すごくクールに見えて衝撃的だった。

それに、自分の納得いく球を投げて打たれたら仕方ないというプロっぽい態度。高校生なのに自分の「見せ方」を知っているというか、見ている人を引きつける、喜ばせるものを持っていたんだと思う。競技や年齢を問わず、そんな「プロ」を感じさせる選手にはいつも魅力を感じる。

44歳になった工藤さんからは、まだまだ意欲もパワーも伝わってくる。選手としての底を感じさせず、もっと何か見せてくれるんじゃないかという雰囲気を持っている。それはちょうど、ミステリアスな存在という僕の目標と重なる。こちらも負けずに頑張らないといけないね。

（2007・8・24）

自分ひとりが悪いわけではなくとも、責任を取るのが監督

高木琢也監督が解任された。黒星が続く悪い流れを変えるために、クラブとしては仕方がない部分もあるんだろう。選手を全員入れ替えるなんてできないから、何を変えるかといえば、監督を交代させることになる。

選手は皆が責任を感じているし、僕らベテランは余計にそうだ。ただ、こういう事態には慣れている面もある。イタリアのジェノア時代や2年前のヴィッセル神戸では、1年で2度の監督交代があったし、今までに何度も経験してきたことだから。

選手の場合も、来年の自分がどこでどうなっているか分からないという厳しさがある。それ以上にシビアなのが監督で、2年契約でも5連敗すれば解任騒動が起きたりする。世界的なクラブはもっと極端で、レアル・マドリードのカペッロ監督は優勝しても解任されてしまったくらいだ。

それも仕事の一部だと腹をくくって、契約書にサインする。解雇されること、メディ

アやサポーターから批判されることを覚悟して。企業や組織のトップの人たちも似たようなものだろう。自分ひとりが悪いわけではなくても、問題が起きれば責任を取らねばならない。それを承知の上でトップに立つわけだから。

それに権力の座についた人が、そう簡単に辞めないように、自分から投げ出す人は少ない。アーセナルのベンゲル監督が「監督業は麻薬だ」と言った通り、苦い経験をしてもまたやりたくなる魅力があるらしい。

監督の指導法も国によって違う。横浜FCのジュリオレアル新監督はブラジル人らしく、練習メニューは実戦的だ。11対11の紅白戦が多くて、日本でよくやる3対3などはやらない。状況別の練習はどちらかというと欧州式なんだろう。

音楽にたとえると、欧州のサッカーはオーケストラ型で、指揮者やパートがきっちり決まった組織的な感じだ。それに対してブラジルはジャズやサンバのように即興的。いろんなものをミックスして、本番の中から何かが生まれる。

オーケストラのように楽譜通り進めていくものはまねしやすいけれど、ジャズメンのまねは難しい。分析しきれないのがブラジル、だからこそ強いのかもしれないね。そんなブラジル式の実戦練習を重ねて、何とかチームを浮上させたい。（2007・9・7）

過去の格下を見くびるな

北京五輪の予選を戦っているU—22（22歳以下）日本代表について、批判をする人が多いらしい。ここまで最終予選3試合で2勝1分けという十分な結果を残しているけれど、試合内容が悪いとか、もっとたくさんゴールを取れるはずだという不満がたまっているようだ。

見ている人からすると、日本はアジアでは楽に勝って当たり前という認識なのかもしれない。でもオシム監督がよく戒めるように、日本が成長している一方で他の国々も成長している。それは先日のアジアカップで決勝トーナメントに進出したベトナムを見てもわかるし、ドイツW杯の予選で日本はバーレーンやシンガポールに苦戦したばかりだ。

アジアの国に勝つことの大変さを僕は身にしみて知っているから、五輪予選でカタールにしっかり勝っただけで立派だと思う。Jリーグではあり得ないようなところからタックルの足が出てきたりする。それが国際試合の難しさだし、22歳以下の五輪予選では若さに任せた激しいプレーも飛び出す。

試合内容が良くないと言われるのは、それだけ見る人の目が肥えてきたからでもあるのだろう。でも逆の立場で考えてみると、ブラジルなどの強豪国でも日本から大量点を奪うのは簡単なことじゃない。試合の流れで結果的に大差がつくことはあっても、技術や経験で上回るからといってゴールをたくさん奪えるとは限らないんだ。あのイングランドですら一九九四年の米国W杯の出場を逃したりしている。

以前、日本はマレーシアなどの東南アジアの国々からサッカーを教えてもらう立場だった。僕が日本代表に入ったころはタイに勝つのも楽ではなかったし、韓国との通算対戦成績は今でも圧倒的に負け越している。今でこそ日本はアジアのトップクラスだけれど、それはここ15年くらいに限った話だからね。

サウジアラビアやイランからすれば、以前は日本なんて確実に3―0くらいで勝てる相手だったはず。それが今ではアジアのトップの一つになった。過去に格下だった相手が、今も弱い保証なんてどこにもない。何より日本が、一番それを証明しているんじゃないかな。

（2007・9・21）

選手の事情、経営の事情

リーグ戦でメンバーを大きく変更した川崎フロンターレがリーグ側から批判されている。前後にあったアジア・チャンピオンズリーグ（ACL）と8人を入れ替えて柏レイソルと戦ったことが問題になった。規則違反ではないけれど、ベストメンバーで戦う精神に反するという。

一つ確かなのは、負けようと思って選手を選ぶ監督はいないということ。その時点でベストな選手を使うのは当たり前で、先週の先発メンバーが次はベンチに入れないこともあり得る。川崎は週末のJリーグの後にイランに移動、標高1500メートル超の高地で水曜日にACLを戦い、帰国して再び中3日での試合だった。さらに次のACLが3日後に控える強行日程だし、日本代表の中村憲剛選手は余計に疲労がたまっている。僕もACLをテレビ観戦したけれど、みんなクタクタだった。それなのに「帰国用にチャーター機まで用意したんだから主力をJリーグにも出せ」という意見は、サッカーの厳しさをわかってくれていないと感じた。宿泊環境、空気の薄さ、宗教も違う国を往復する連戦がどれだけきついことか。

川崎の側に立てば、やむを得ない状況だったと誰もが納得するはず。Jリーグ幹部は「サポーターへの裏切りだ」と怒ったらしいけれど、これは出場した選手への侮辱だ。彼らは同じチームの戦力なんだから。僕自身、ブラジルで同じ経験がある。サントスが先発を半分以上入れ替えて臨んだ試合、それが僕のチームでのデビュー戦だったんだ。

開幕前のキャンプから、選手はみんな試合に出るために努力している。レギュラーは11人だけじゃない。平等にチャンスはあるという監督の言葉でモチベーションを保ち、それでもなかなか出番に恵まれなくて、やっと巡ってきた出場機会。そこで「何で補欠が出るんだ」みたいに非難されたら、僕なら黙っていられない。プロとして「オレをバカにするな」と言う。

もちろん、これは選手としての考え方で、Jリーグやサッカー協会の人たちは違う立場で営業面を考えないといけない。スポンサーにすれば、日本代表などの有名選手に出てほしいと思うのも当然。意見をぶつけ合って、コミュニケーションを深めるしかないね。


（2007・10・5）

上を向いて戦おう

監督交代後も横浜ＦＣは6連敗で、ゴールは1つだけ。その間ＦＷとして先発出場してきた僕としては当然、責任を感じている。

次のヴィッセル神戸戦で勝てないと、他チームの結果次第でＪ2降格が決まってしまう。残り6試合を勝ち続けても、残留争いのライバルが2勝すればアウト。非常に難しい状況に追い込まれてしまったけれど、こうなったのはクラブ全員の責任だ。誰一人、怠けることなく力を尽くしたのだから。

ただ、どんな結果になってもサッカーは続いていく。Ｊリーグも、横浜ＦＣというクラブの歴史も。仮に残留できたとしても、また厳しい戦いが待っている。Ｊ2に落ちたら、過去にＪ1経験のある多くのクラブを相手に昇格争いを勝ち抜くのは簡単じゃない。どこに身を置いていようが、楽に戦えることはない。実際、僕のプロ22年間はずっとそうだった。

ここまで28試合で3勝、勝ち点11というのは過去のJリーグの歴史をみても最低クラスの成績だ。それが僕らの実力。これは開き直りではなくて、この状況に陥ったことを受け止めて、残りの試合に臨むだけだ。戦いをやめることはできないし、したくない。

降格とかそういうことに関係なく、というと無責任に聞こえるかもしれないが、目の前の試合に全力を尽くすことの方が大事。これだけ負けているからヤジや批判を受けるのは仕方ない。できれば少しでも勝ってサポーターと喜び合える瞬間をつくり出したい。

ボールのバウンドが少し変化するだけで、得点できるかどうかが変わることがある。「あのとき決めていれば」という1つの失敗が後々になって響き、ほんの少しのズレが大きな結果の違いにつながる。それがサッカー、それが人生だろう。家を出るのが1分遅れるだけで、渋滞に巻き込まれてしまうのと同じ。逆に小さなきっかけから、良い方に転がることもある。

今までにサッカーで、喜びも苦しみやスランプも経験した。戦う舞台がJ1でもJ2でも、謙虚な姿勢や成長しようという気持ちが折れなければ、明るい未来があるはず。悪いことが続くのは、自分があきらめてしまっているとき。上を向いている限り、絶対にいいことがあるんだ。

（2007・10・19）

数字に表れない影響力

二〇〇七年の大リーグのワールドシリーズには、日本でも大きな注目が集まった。西武時代の同僚の松坂大輔さんと松井稼頭央さん、それに岡島秀樹さんも出場するということで、僕もテレビ中継を見たり、タクシーの運転手さんに試合経過を聞いたりしていた。

今年の松坂さんに関して大変だっただろうと思うのは、ファンやメディアの期待の大きさからすると、優勝という結果が最低ラインだったのではないかということ。移籍に伴って1億ドルという大金が動いたことを考えれば、15勝12敗、防御率4点台という成績は本人も周りも満足いくものではなかったはず。もし優勝を逃していれば、厳しい論評をされていただろう。

実際、現地の報道では辛口の採点がされているようだけれど、それでも投資としては成功だったと言われているらしい。スポーツビジネスの面での影響力も含めて、レッドソックスの価値を高めたという意味だ。

例えばファンの注目を集める力、報道陣を集める力。日本の新聞で今回ほど大々的にワールドシリーズを取り上げたことはなかったはずだ。それはもちろん岡島さんの力も含めての結果だし、松井さんとの対決という話題性もあった。それらがすべて松坂さんにとってプラスに働いたと思う。グラウンドの外での貢献度も評価の対象になるんだ。

そしてうれしかったのは、レッドソックスが岡島さんを獲得したとき、44歳の工藤公康さんもリストに入っていたという報道だ。大リーグ入りという工藤さんの目標が実現する可能性が十分あるということだし、実現してほしいと思う。

優勝を経験している選手を補強するのは大事なこと。工藤さんはもちろん、岡島さんは巨人と日本ハムで日本一を経験しているし、松坂さんも高校時代から多くのタイトルを獲得してきた。数字には表れない「勝ち運」を持った選手の影響力はとても大きい。

ただ、今年の横浜FCに関してはそれが当てはまらなかったけれど。優勝や日本代表での経験が豊富な選手がそろっていながら、J2降格が決まってしまった。それでも前回も書いたように、僕らに出来ることは残り試合に全力を尽くして戦う以外に何もない。まずは天皇杯に向けて頑張るよ。


（2007・11・2）

五輪代表の誇りと責任

浦和レッズが見事にアジア・チャンピオンズリーグを制して世界への切符をつかんだ。この十一月はもう一つ大事な戦いがある。北京五輪出場を懸けたアジア最終予選、U—22（22歳以下）日本代表が挑む十一月十七日と二十一日の2連戦だ。

元気がないとか、おとなしいといわれているU—22代表について、チーム関係者からも心配する声が伝わってくる。心の底から五輪に出たいという熱い気持ちが足りないと。

もちろん彼らにも欲はあるだろう。「五輪に出たくないのか」と聞かれれば、「出たい」と答えるに決まっている。海外でプレーしたいという選手には、アテネでの大久保嘉人のように、欧州のスカウトが集まる五輪でアピールしたいという思いもあるはず。

だけど、それだけでは足りない。彼らに自覚してほしいのは、自分たちの肩にJリーグの人気、日本サッカー界の未来が懸かっているということだ。

日本のサッカーはW杯と五輪を中心に回っている。みんなが一喜一憂する予選を突破すれば、本大会で新たなスターが出てくるかという注目が集まる。その盛り上がりでJリーグの観客も増えるし、テレビの視聴率も上がる。自分だけじゃなく、リーグ全体の選手の価値を高めることになる。

一九九六年のアトランタ五輪以降、日本はすべての五輪とW杯の予選を突破している。でも10年頑張ったからもう大丈夫、ということはあり得ない。今の恵まれた環境を守っていくためには20年後も40年後も同じように頑張って、アジアを勝ち抜いて世界へ出ていかなければ。それをずっと続けてきたのがブラジルやイタリアのようなサッカー先進国なんだ。

彼らが任されているのはそれだけ大きな、やりがいのある仕事。自分たち次第でプラスの相乗効果が生まれて、潤う人たちがいる。それを重圧に思う必要はないけれど、責任を感じながら楽しんでほしい。

年齢制限のある五輪は、たいていの選手にとって一度しか出場のチャンスがない。出たくても出られない選手がいるわけだから、プライドを持ってプレーしてほしい。もう40歳の僕も、できることなら五輪予選を戦いたいくらいだ。

(2007・11・16)

サッカー人生はまだまだ続く

週末はＪ１最終節だ。残念ながら僕たち横浜ＦＣはＪ２降格が決まっているけれど、相手の浦和レッズは優勝が懸かる大一番。お客さんがたくさん来てくれるのですごく楽しみだ。

ホームなのに観客席が浦和カラーの真っ赤に染まっても、選手にとってはあまり気にならない。それよりも、最終戦を満員のスタジアムでプレーできることがうれしい。

僕自身は特別なことはせず、いつも通りの準備をして臨むだけ。調子はいいし、チームの状態も悪くない。リーグ戦ではなかなか勝てていないけれど、いい試合はできるようになってきている。翌週の天皇杯につながるゲームにしたい。

シーズン途中と違って、この試合は一発勝負みたいなもの。浦和は優勝を決めたいし、僕らは大観衆の前で最後を勝利で飾りたい。向こうは最近、公式戦で白星がないから、「勝たなきゃいけない」と危機感を持ってくれた方がウチとしては戦いやすい。逆に開き直って、「勝てばいいんだろ」と余裕を持たれるとちょっと怖いね。

浦和戦と天皇杯には、戦力外通告を受けて今季限りでチームを離れる選手も出場するはずだ。20代前半の選手でも契約を切られてしまう厳しい世界。これはばかりはクラブが決めることだし、毎年必ずあることだから慣れてもいる。

天皇杯で勝ち残っていけば試合は続くし、その姿を誰が見ているかわからない。そこでいいプレーをしたことで、ほかのクラブからオファーが来て現役生活が延びた選手だって過去にたくさんいる。

僕がヴェルディ川崎に在籍した最後の年の天皇杯も、ベンチ入りメンバー16人のほとんど、そして監督も含めてチームを離れる人間ばかりだった。それでもみんな精いっぱい戦ったし、その結果、移籍先を見つけていった。そのまま引退した選手は少ない。

このチームでのプレーは終わっても、本人のやる気さえあればサッカー人生は続く。僕もそうだったけれど、なぜ戦力外になったのかを考えることが大切だ。クラブだけのせいにしているようでは、この先どこへいってもまたダメになる。自分に何が足りなかったのかをまず考えられる選手が、この世界で残っていけるんだろう。

（2007・11・30）

降格も歴史の一部である

天皇杯5回戦でJ2の愛媛FCに敗れ、二〇〇七年のシーズンが終わってしまった。決して満足できる1年ではなかったけれど、僕個人としてはシーズン終盤にフル出場の機会が増えて、いいコンディションでプレーできた。

年齢を重ねた選手に対しては固定観念があって、疲れが見えるとすぐ交代させられることが多い。ただ、筋肉は使い切ることで状態が良くなるもの。無理をしないと、どんどん無理ができなくなってしまう。つまり僕らはマグロと同じ。マグロが泳いでいないと死んでしまうように、ピッチに立ち続けないと選手生命が終わってしまうんだ。

もちろん、それは若いときから体を鍛えて、基盤ができていることが前提だ。使い切ってもらうことで自分自身がもっと成長できるとあらためて感じたし、その象徴が今月一日のJ1最終節、浦和レッズ戦のプレーだったんじゃないかと思う。

最下位の横浜FCがアジア王者に勝つなんて、浦和戦に向けて特別に調整していたんじゃないかと言う人もいる。でも僕らはいつもと同じ準備をして臨んだだけだ。愛媛戦の前までの5試合は2勝2分け1敗。チームの調子が上がる延長線上に浦和戦があったということ。高木琢也前監督、ジュリオレアル監督の下で積み重ねてきたものがパフォーマンスに表れたんだろう。

二〇〇七年のシーズン、J1残留という目標は達成できなかった。でも舞台がJ1であれJ2であれ、サッカーはずっと続いていく。先日、京都サンガが3度目の昇格を果たしたように、20年、50年とクラブの歴史を築いていく途中にはいろいろな経験があるものだ。京都なら京セラ、横浜FCならレオックなど、クラブを応援し続けてくれる企業の力も大きい。

リーグ発足から15年、今はまだ骨組みをつくる段階なんだと思う。最初の骨組みがしっかりできれば、あとは雪だるまのように大きくなる。今がどれだけ大事な時期か、きっと100年後にわかるんじゃないかな。

僕らがやっていることは単なるスポーツを超えて、日本にサッカー文化をつくり上げようという挑戦だ。お金をかければできるものでもない。それに最初から携わっていることを、僕は誇りに思っているんだ。

（2007・12・14）

Ⅲ 続ける力——2008年

夏には北京五輪が開かれる二〇〇八年のシーズンを、残念ながら横浜FCはJ2に降格して迎えることになってしまった。僕は、全42試合中30試合に出場。FWではなく右MFで起用される機会が多くなった。ポジションが変わってゴールへのこだわりが薄れたわけではないし、バランス良くプレーすることの大事さを学んだシーズンだったと思う。十月二十五日の愛媛FCとの試合では、僕らしいゴールを決められた。

現役を続けるために必要な環境

グアムでの自主トレとチームのキャンプから帰国してすぐに、二〇〇六年限りで現役を退いた城彰二選手の引退試合に出場した。31歳での彼の引退を早いという声は多いけれど、サッカーの場合、それは特別なことじゃない。

サッカー選手の年齢を考えるとき、ちょうど2倍にすれば会社員の人たちと同じくらいのイメージになる気がする。つまり、10代半ばの選手は、企業でいえば20代から30代で、いろいろな経験を積んで成長する時期。選手がピークを迎える20代は、サラリーマンなら40歳を過ぎて脂が乗る働き盛りという具合だ。

そして会社員にとっての定年が、サッカー選手なら30歳前後。自分ではまだまだやれると思っても、世代交代だと言われてしまう。もうすぐ41歳の僕は、80歳を過ぎても営業でバリバリ走り回っている〝おじいちゃん〟という感じだろう。

引退を決意する理由は人それぞれだ。子供のころから20年くらいサッカーを続けてきた結果、体のどこかが故障するとか、気持ちがついてこなくなることもある。そしてもう一つ、生活面の問題も大きい。

日本では複数年契約が少なく、ほとんどが単年だ。プロ野球のような契約金もないし、来年以降の保証もない。その割にプロとして決して給料が高いとはいえない。J1とJ2を合わせた平均年俸は1000万円に届かないそうだ。浪人中の選手がシーズン途中に契約してもらうようなケースだと、基本給ゼロで勝利給だけ、つまり完全歩合制ということもある。

そんな世界だから、特に家庭があって子供もいる場合は、たとえ契約のオファーがあってもいろんなことを考えないといけない。家から遠いクラブだと、家族を連れて引っ越せるかどうか。子供を転校させたくなければ単身赴任になるし、すると二重負担になる家賃もばかにならない。

僕がプロ23年目も現役を続けられるのは、給料が下がってもまだ大丈夫だったり、スポンサーがついてくれたりするおかげだ。すごく恵まれていると思うけれど、過去に積み上げたものの結果でもあるし、それもプロとしての力。技術だけじゃなく、プレーを続けるための環境を手に入れられるかどうかも力量のうちなんだ。　（2008・2・1）

目標は、10年後に同じスーツを着られる体でいること

練習で鍛えているアスリートは、一般の人より体が丈夫で病気にも強いと思われがちだけれど、意外とそうでもない。ここ数年、乾燥する冬には僕もよく風邪をひく。微熱が続いて体がだるく感じることもあるし、カラオケの歌いすぎのせいか、ノドが痛くなることも多い。

確かにサッカー選手は体調を維持するように気をつけている。でもそれはサッカーをするための体づくりだ。筋肉質で、持久力も瞬発力もあって体脂肪率は一ケタをキープ。そんな体だから、きついトレーニングに耐える強さはある一方で寒さに弱いし、体力を使い切るからウイルスにも弱い。40代の男性なら、体脂肪率は少なくとも12、13パーセントくらいはあった方が抵抗力もあって健康体なんだろう。

グラウンドでプレーしているときは集中しているから、熱が多少あっても大丈夫。足に故障を抱えていても、5万人の大観衆の前に立つと痛みが消えてしまうことがある。

しかし、試合の翌日になるとダメ。試合では走り回れるのに、家のソファから立ち上がるときがつらかったりする。

車にたとえると、アスリートの体はF１マシンのようなものだろう。時速２００キロでレース場を走ることには優れている半面、街中を徐行運転することには向いていない。

プロ23年目の僕の場合、23年落ちの車体でレースに出ているのと同じだ。鍛え続けてきたエンジン（心肺機能）は強いけれど、一度走るとタイヤ（筋肉）がすごくすり減るし、サスペンション（関節）への負担も大きい。だから専属エンジニア、つまりトレーナーや調理師にケアをしてもらいながら戦っている。時々、彼らの指示を無視して夜の六本木・麻布方面へ〝テスト走行〟に出掛けることもあるけれど。

そういった遊びもリフレッシュの一環だとすれば、24時間すべてがサッカーのためだ。食事や睡眠も仕事の一部。現役を終えればそんな生活も終わるけれど、それでも僕は常に自分を高めていたい。目標は10年後に同じスーツを着られる体でいること。絞り込んでいる今のウエストのサイズを維持するのは難しいとわかっていても、ベストな自分を意識しながら生きていたいんだ。

（２００８・２・15）

無理のしどころが肝心

二〇〇八年二月二十六日に41歳の誕生日を迎えた。現役最年長ということで注目してもらえるのはうれしいけれど、自分の中では大した問題ではないし、今年もやることは同じ。全試合フル出場を目標に頑張るだけだ。

ただ、その目標も三月九日のリーグ開幕戦欠場で、いきなり達成できなくなるかもしれない。右脚付け根の裏側を痛めてしまって、今はチームとは別メニューの練習を続けている。以前の僕なら開幕に間に合わせるために無理をして、ごまかしながらプレーしただろう。でも、もうそんなに若くもない。無理せずしっかり治して、体をもう一度鍛え直そうと思う。焦る必要はない。

もちろん試合に出たいという気持ちが薄れているわけじゃない。「するべき無理」と、「してはいけない無理」があるということだ。J2は42試合の長丁場。開幕戦に強行出場してケガを悪化させるくらいなら、何試合か休んでベストの体調を取り戻す方が賢明だ。

無理をするのは、治療を終えて復帰に向けた段階に入ってから。休んだことで故障の周りの筋肉なども弱っているから、いざボールをけったり走ったりすると痛くなることがある。でもそれは筋肉痛のようなもので、グッとこらえて乗り越えないといけない。そこで無理をして弱い部分を鍛えなければ100パーセントの自分には戻れない。

一番良くないのは痛みが引いた後に、ろくにトレーニングもせずに試合に出ること。痛みが再発すると、ケガの痛みなのか弱った部分の痛みなのか分からずまた休んでしまう。復帰と離脱の繰り返しで、もちろんプレーの質も上がらない。そうやって沈んでいく選手を僕は見てきた。無理のしどころが肝心なんだ。

プロ野球の江川卓さんが現役のころ、打者27人全員から三振を取ることを目指していたと聞いたことがある。そこから一人でもゴロを打たれたら完全試合を、四球を出したらノーヒットノーランを目標に投げ続けたと。それと同じで、開幕戦に出られなければ2試合目から、それもダメなら3試合目からのフル出場が今季の僕の目標だ。

究極を求めつつ、こだわりすぎるのも良くない。常にその時点のベストを目指す姿勢でいたいね。

（2008・2・29）

誤審指摘も解説者の仕事のうち

いよいよJリーグが開幕して、横浜FCは白星スタートを切った。そんな試合結果やプレーとは別に、先週はゼロックス・スーパー杯での判定が大きな話題になった。PKの判断や警告の多さが問題視されたようで、テレビ観戦した僕から見てもおかしいと思う判定がたくさんあった。

その家本政明主審は、僕の京都在籍時のチームのマネジャーで、トップ審判を目指して練習試合などで笛を吹いていた姿を今も覚えている。そんな僕でもかばいきれないくらい変だなと思う判定が時々あるけれど、めげずに頑張って前へ進んでほしい。

審判も人間だから、判定を間違うこともある。そんなとき日本のテレビ解説者は「微妙ですね」とか言ってごまかしたり、うやむやにしたりするけれど、どんどん指摘すべきだ。試合中の選手の抗議は良くないことでも、解説者にとってはそれも仕事のはず。選手のプレーの批評をするのと同じように「今のは主審のミスジャッジです」と言えばいい。それは批判や中傷ではなくて、レベル向上のために必要なこと。選手や審判だけでなく解説者もプロなんだから。

良くも悪くも、言われたことをちゃんとやる日本人の気質は選手も審判も同じだ。ドリブルしたくても、監督にパスを出せと指示されたら必ずパスを出すのが日本人選手。それと一緒で「この反則をしたら警告だ」と教えられたら、そんなに悪質じゃなくてもマニュアル通りにカードを出す。南米や欧州の審判の場合は、もう少し試合の流れや状況を考慮して自分の裁量で判断しているように思う。

速い展開の中での接触プレーなど、教科書の知識だけでは判断できない場面にも日本人は弱い気がする。ただ、審判の目線で考えると、難しさがよくわかる。僕は審判のトレーニングを見学したこともあるし、各クラブ向け判定講習会も毎年受けている。その講習用のプレー映像を見ると、一瞬の出来事だから反則かどうか判断できないものの方が多いんだ。

若いころは「この審判はサッカーを知らないな」と思うことが多かったけれど、実は知らないのは僕の方だったんだろう。判定の難しさが分かれば、審判に対する見方も変わってくるんじゃないかな。

（２００８・３・14）

批判に耐える強い心を

二〇〇八年のリーグ開幕から2週間遅れてしまったけれど、三月二十三日のサガン鳥栖戦で今季初めて試合に出場できた。痛めていた右脚の状態が良くなって、メンバー入りが決まったのは2日前。ウオーミングアップのときは少し痛みがあったのに、ピッチに入ったら不思議と消えていた。思った以上に走れたし、ドリブルで勝負を仕掛けられたのも良かった。

ピンチもあったけれど、結果は0―0。苦しい展開でも無失点に抑えられたのは収穫だ。J2で優勝した二〇〇六年がそうだったように、劣勢でもゴールを許さない試合を続けていけば、相手が勝手にいろいろ考えてくれる。前半に1―0でリードされたら追いつけないいんじゃないか、と。そうやって焦ってくれれば、こちらは楽になる。

J1で最下位だった昨季はその逆で、先制点を奪われたらもう苦しいと思っていた。負けるときは、たいてい試合終了の前に自分の心が負けてしまっているものだ。今季はまだ4試合を終えたばかりだけれど、2勝2分けで2位。チームの雰囲気がすごくいい。都並敏史監督の熱い人柄もあって、みんなが一つにまとまっている。メンタル面や雰囲気はとても大切なんだ。

開幕2連敗でオジェック監督が解任された浦和では、選手が采配批判のような声を上げていたらしい。もちろん監督が決める戦術は大事だけれど、選手にもできることがあったはず。自分のプレーを振り返って、どこがいけなかったのか考えるのが先だ。状況が悪いときこそ、矛先を自分に向けなければ。外に向けるとチームが壊れてしまう。

成績が悪ければ監督がメディアにたたかれるけれど、もっと選手の責任についても論じるべきだ。審判について触れた前回の話と同じで、「あの選手のプレーがまずかった」と指摘するのも解説者やジャーナリストの仕事だろう。

イエスかノーで判断されるのがプロの世界。たたかれるうちが花だし、選手はそれを乗り越えて大きくなるものだ。批判に耐える強い精神を持っていなければ、上のレベルにはたどり着けない。日本代表になれる逸材といわれた選手が消えていったり、本当にビッグな選手が出てこないのは、そのあたりに理由があるんじゃないかな。

（2008・3・28）

負けないこと、積み重ねていくこと

二〇〇八年のリーグ開幕から1カ月、順調に白星を重ねているチームがある一方で、なかなか結果を出せずにいるチームもある。つまずいた理由をいろいろと説明してみても、結局は結果論でしかないことが多い。

例えばセレッソ大阪は今季の始動が二月に入ってからで、J2で一番遅かった。ここまでの成績は3勝3敗。もっと早くから準備して実戦感覚を養うべきだったと言う人もいるけれど、もし開幕から連勝を続けていたら誰もそこに文句はつけなかっただろう。むしろしっかり休んでリフレッシュできたのが良かったと言われたはず。同じことをしても、結果次第で評価もガラッと変わってしまうんだ。

三月二十九日の水戸ホーリーホック戦では、僕に代わって途中出場したスピードのある太郎（長谷川太郎）やヨンチョル（曺永哲）がリズムを変えて同点に追いついた。それをスポーツ紙では、緩急がついて相手が対応できなかったと書いていた。それぞれの役割がしっかりしているという印象だけれど、試合に負けていれば僕のプレーが遅かったと批判されたかもしれない。〝ものは言い様〟だね。

スタートダッシュに失敗しても、J1では浦和レッズやガンバ大阪のような力のあるチームは巻き返してくる。むしろ発展途上のチームやJ2からの昇格組の方が出足はすごく大事。特に開幕から数試合を戦った後の四月に踏ん張れるかどうか。前年の横浜FCも三月に初勝利を挙げてから、四月に勝てなくて沈んでいった。

四月を過ぎてチームの成績が振るわなければ焦りも出るし、補強や放出、監督解任といった話も出てくる。降格がないから監督交代も少ないJ2と違って、J1では降格への危機感が強い。J2に落ちると収入が減り、注目度が減り、選手の給料も減る。でも早めに手を打ってもうまくいかないケースもあって、結果的に次から次へと無駄金を使ってしまうクラブを僕はたくさん見てきた。

とにかく大切なのは負けないこと、勝ち点1ずつでもいいから積み重ねていくこと。普段の生活でも貯金があるのと借金があるのとでは毎日の笑顔が違う。「負けの借金」を増やして他チームに引き離されないように、食らいついていかないとどんどん苦しくなる。借金を返すのは貯金をつくる以上に難しいからね。

（2008・4・11）

内容も結果も意識次第

先日のFC岐阜戦（二〇〇八年四月十九日）では後半ロスタイムのアンデルソンの決勝ゴールで逆転勝ちした。相手はアマチュアのJFLからJ2に上がってきたばかりだけれど、上位争いに加わっている。実際、二度リードされる苦しい試合だった。僕らは前年J1で、彼らはJFLにいたチームだから簡単に勝てるなんて思って臨んでいたら、きっと大差で負けていただろう。相手を見下して戦ったら、たとえJFLに入っても勝てない。勝負というものを甘く見てはいけない。

相手メンバーの多くは以前にJ1クラブに所属していて、若くして解雇された選手たちだ。それまでの自分が怠けていたのか足りない部分があったのか、下に落ちて初めて気付いて、もう一度Jリーグでプレーするために必死にJFLを勝ち抜いた。苦境からはい上がってきた彼らは目の色が違う。

以前にヴェルディ川崎やヴィッセル神戸で僕と一緒にプレーしたヤマ（山口貴之）も、

神戸を退団した後に当時ＪＦＬだったザスパ草津に入ってＪリーグへ戻ってきた一人だ。草津入団の前には3カ月くらい一人で練習を続けていた。ひたすら走ったりボールをけったり、もう嫌になると言っていた。

移籍先が見つからず、お金なんか関係なしにプレーの場を再び与えてもらう。そんな経験をしている選手は皆ハングリーだ。それが心の支えになっている。一度はＪ１クラブにいた選手たちだから、技術や能力はもともと高いものを持っているわけで、意識の違いでプレー内容や結果が大きく変わる。それは今季の岐阜の頑張りが証明している。

高い意識を持って毎日何をすればいいかと言うと、ひたすら同じことを繰り返すだけだ。週の初めに走り込んで、徐々に調整して試合で爆発させる。勝っても負けてもそこでリセットして、また走り込む。僕はそれを23年間やってきた。

最近ヤマに会ったら、「力を抜いてウオーミングアップしているカズさんを見たことがない。常に１００パーセントでやっていた。僕にはまねできない」と言われた。怠けようと思えばいつでも怠けられる。でも意識を高く持っていればまだまだ走れるし、やれると僕自身も思っているんだ。

（２００８・４・25）

頭の中をリフレッシュさせることが大事

ロアッソ熊本戦で今季初めてフル出場できた。結果は5―0の大勝で、僕個人としてはこんなに大差で勝ったのは10年ぶりのことだ。最近は勝つときは接戦が多く、大差で勝てれば楽だろうなと思っていた。でも実際にやってみると全然楽じゃない。次につなげるために無失点で抑えたいから、結果的にハードワークしないといけないんだ。

その3日後のヴァンフォーレ甲府戦には出場しなかったけれど、ゴールデンウイークは日程が立て込む。若いころは連戦中の試合後の夜に多少のムチャをしても平気だったけれど、今はとてもじゃないけれど無理だ。

リーグ戦に加えてアジア・チャンピオンズリーグ（ACL）も戦っている鹿島アントラーズなどは余計にキツイだろうし、そのせいかリーグでは最近勝っていない。苦戦の理由を連戦の疲労だと言うのは簡単で、実際に疲れているだろう。ただ、一番の問題は頭の中にあるんじゃないだろうか。

選手は「ゾーン」と呼ばれる精神的に最もハイな状態で試合に臨むのがベストなんだけれど、みんなが常にそこに入っていけるわけじゃない。試合途中で入れる場合もあれば、最初は入っていてもだんだん落ちていくときもある。

鹿島も「よし、ACLも勝つぞ」という意気込みが強かったはず。それが連戦が続くと悪い意味で試合慣れして、緊張感はあっても新鮮味が薄れてくる。肉体の疲れとは別な部分で頭が疲れて、動きを鈍らせる。僕ら35歳を過ぎた選手だと肉体の疲労にウソはつけないけど、20代の選手は体よりも頭。頭の中をリフレッシュさせるのが大事だ。ゴールデンウイークが明けて観客が減ったりすると、ガクッと気持ちが落ちてしまうときもある。そんなときでもベテランは同じように戦える。6万人の大観衆の前でも、誰も見ていない開幕前の練習試合でも変わらず、安定してやれる。それが経験、それがベテランだ。

僕もこれだけ長くプレーしてきたけれど、まだまだやりたい。これまでのプロ生活23年間をもう一度繰り返したいくらいだ。こんなに試合が続いて疲れちゃうよと思うのか、こんなにサッカーができてうれしいと思うのか。特に連戦ではその差が大きく響く。

（2008・5・9）

失うものの大きさを意識しよう

飲酒運転などの不祥事がサッカー界で相次いで起きている。リーグ全体に気の緩みがあるのかどうかは分からないけれど、一つ思い浮かぶのは、サッカー界はほかのスポーツや企業社会より自由だということだ。

野球界は縦の関係が厳格らしいけれど、サッカー界の上下関係はそれほど厳しくない。先輩に対しても、「さん」付けではなくて「君」とか「ちゃん」と呼んだりする。ときには僕も「ズーカー」なんて呼ばれることもある。そんな軽口が通じる空気があるんだ。

時間の制約も少ない。午前に練習をしたら午後はフリーの日が多いし、プロ野球のように試合が毎日あるわけでもない。もちろん、それはケガの治療や休息のためでもあるけれど、余裕があるのは間違いない。

自由というのは自分で責任を負うものだから、本当は厳しいものだ。ただ、楽をしようと思えば、できてしまう。そんな環境が油断や気の緩みを生んでしまう面があるのかもしれない。

日本では選手が不祥事を起こすと、本人は表に出て来ないのにクラブの社長が謝ることが多い。でも僕が育ったブラジルやイタリアではクラブが謝ったりはしない。選手が起こした事件はあくまで個人の問題。プロ選手は一種の職人なんだから、契約書にサインした時点から自己責任だ。たとえ18歳だろうが40歳だろうが、クラブは選手をプロとして認めたから契約を結ぶ。そこから先は、子供だからという言い訳が通用しない世界。一度契約を結んだら公私の別はほとんどないと自覚すべきだ。

人間は完璧じゃないから、間違いを犯してしまうときもある。僕も20代のころから気をつけてはいたけれど、無理をして突っ走っていた部分もある。そういうことは僕ら大人が教える必要があるし、本人が自分で気付く必要もある。グラウンドを出ればクラブの管理責任うんぬんではなく自己管理だと、僕も周りを見ながら自分で学んできた。

ずっとサッカーに懸けてやってきたものが、一度の過ちで失われてしまう。両親や妻子にも悲しい思いをさせてしまう。誰かに見られているから気をつけるのではない。失うものの大きさを常に意識していれば行動も変わってくるはずだ、と自戒も込めて考えている。

（2008・5・23）

経験と調和がブランクを埋める

六月七日のエキシビションマッチでヒデ（中田英寿）が2年ぶりに国内でプレーを披露する。現役復帰を望む声は多いけれど、サッカー選手がブランクを埋めるのは簡単じゃない。ケガで3週間休んだだけでも、戻ってすぐに試合はできないくらいなんだから。

テニスでクルム伊達公子さんが12年ぶりに復帰し、いきなりシングルスで準優勝した。37歳で日本ランキング上位と戦うのは大変なこと。何よりもう一度やろうと決めた勇気が素晴らしい。厳しい練習を積んだのは間違いない。引退を決めたときにはメンタルが疲れていた部分もあったはずで、復帰には相当のエネルギーが必要だっただろう。

でもサッカーの場合、長いブランクの後で第一線に戻るのは、さすがに無理なんじゃないかと思う。一人でどれだけ走ってボールをけっていても、ミニゲームを何回繰り返しても、11対11の実戦の動きとは全然違う。何十試合とゲームをこなす中での疲労の回復力やケガの可能性を考えても、35歳を過ぎてからの現役復帰は難しいだろう。

でも1試合限定となると話は別。僕がブラジルにいた20年前に読売クラブ（現東京ヴェルディ）が来て、元ブラジル代表を集めたマスターズと試合をした。僕もテレビ中継を見ていたけれど、結果は0―3の完敗。日本リーグ王者の読売が、引退から何年もたったリベリーノたちに歯が立たなかった。

当時26歳だった左サイドバックの都並さんは、40歳過ぎの右ウイングのカフリンガにぶっちぎられたことを今でも覚えているそうだ。サッカーは1＋1が2になるとは限らないスポーツで、単に足が速いとか体力があるだけでは勝敗が決まらない。経験を生かし、チームとして調和がとれていれば勝てるものなんだ。

ヒデはまだ31歳だし、今からでもトップレベルで十分やれるはず。でも本人に練習の調子を聞くと、いつも「まだまだです」と返ってくる。20代半ばのベストな自分をイメージして、そこに戻そうとトレーニングしているから「まだまだ」と思うんだね。

この先、ヒデがプロの世界に戻ってくることはないだろう。それでも、チャリティーマッチなどでプレーする機会はあるはず。また一緒にボールがけれたら、きっと楽しいだろうな。

（2008・6・6）

選手の領域、監督の領域

二〇〇八年の横浜FCはJ2開幕から五月中旬までは上位につけていたけれど、最近6試合で1分け5敗と崩れてしまった。悪い流れが続いている。と言っても落とした試合をやり直すことはできないから、僕らにできるのは残った試合をいかにたくさん勝つか。都並監督の下でやってきたことを、継続してしっかりやるしかない。

6勝6分け7敗で8位という成績が現状の力だと真摯《しんし》に受け止めて、どう戦うか。過去の昇格チームの成績がどうだったとか、ここから何連勝しないといけないとかは考えず、目の前の試合を必死に戦うだけだ。やはり1つ勝つのは大変なことで、連敗するのはあっという間なんだ。

クラブにとって乗り越えねばならない壁なのかもしれない。J2の下位で低迷していた横浜FCが2年前にいきなり優勝して、J1で苦戦して落ちて、また上がろうとする中でつまずいた。ここでチームが成長できるか、本当にプロフェッショナルなクラブになれるか、それが大事なんだろう。

勝てない理由は1つじゃない。メンタルや技術、戦術、運。お金をかけて補強すれば昇格できるわけでもない。プロ野球の巨人も、あれだけの資金力と戦力があっても勝率5割を行ったり来たりなんだから。団体スポーツ、特にサッカーではチームのバランスや歯車がかみ合うことが大切だ。

勝つために何が必要か、優勝した2年前とどこが違うのか、僕なりの考えはあるけれど、それはチームの外でメディアなどに語ることではない。チームを良くするためには、思うところがあれば監督と直接、話をすべきだ。ただし、何でも言っていいわけでもない。主張をぶつけるということは、何かを否定することにもなりかねないから。

もう41歳で、これだけ長くサッカーをやってきて海外でのプレーも日本代表も経験しているんだから、何でも言えるし、言った方がいいと周りの人は思うかもしれない。でも僕はあくまで一選手。言ってはいけないこと、越えてはいけない一線がある。

サッカー観は人それぞれだし、僕の意見は選手としての意見であって、指導者の目から見たサッカーはまた別のもの。選手は選手、監督は監督の領域で、日々全力を尽くすことがチームのためになるはずだ。


（2008・6・20）

代表への意思表示

北京五輪に向けた大久保嘉人選手の五輪代表招集が、所属クラブのヴィッセル神戸との交渉の末に見送られた。これは前回、監督と選手の事情が違うと書いたのと同じで、五輪代表とクラブの事情が違うということだろう。

神戸の関係者はリーグ戦の成績に生活が懸かっている。今は順位も16位だし大久保選手はチームに欠かせない戦力で、五輪に出場すれば最大4試合を欠場することになる。どうぞどうぞ、と言われるのも選手としては寂しい話だろう。サッカー界全体の盛り上がりを考えれば神戸にとっても悪い話ではないと思うけれど。

ただ、出せないというクラブの判断とは別に、選手自身が五輪に出たいならクラブにはっきりと意思表示すべきだ。プロとして国際舞台で活躍して自分の価値を上げたいという思いはあるはずで、チャンスはめったにない。話し合った結果どうなるかはともかく、代表でプレーしたい、世界にアピールしたいという思いを伝える権利はあるはず。

最近では浦和レッズの坪井慶介選手やガンバ大阪の加地亮選手のように、日本代表からの引退を表明するケースもある。それぞれに事情があるんだろうけど、理解できるのは代表で控えの立場になったときの難しさだ。

長期の遠征などでは3、4週間を代表チームで過ごすことがある。そこで出場機会がないとゲーム勘が鈍るし、実戦でしか養えないゲーム体力も衰える。練習試合をたくさんこなしても、コンディションを維持するのは難しいものだ。

そんな状態でもクラブに戻ればチームの中心として期待されるわけで、すぐに結果を求められる。クラブでも代表でも両方うまくいかなくなる不安を抱える中で、代表に区切りをつけようと思ったんだろう。

中澤佑二選手（横浜F・マリノス）も一度は代表引退を決めたけれど、すぐに戻って主力として頑張っている。坪井選手も加地選手も28歳。僕から見ればまだ子供みたいなもの。僕の年まであと13年もプレーできていいな、と思うくらいだ。

現役を引退するわけじゃないし、これからクラブでいいパフォーマンスを見せていれば、また代表で必要とされるときが来るはず。だから僕は代表引退と聞いても信じないことにしている。いずれまた復活した姿が見られると思うからね。（2008・7・4）

代表監督のつらい決断

北京五輪に臨む日本代表18人がいよいよ決まった。

メンバーを読み上げた反町康治監督にとっては、晴ればれしい気持ちがあるのと同時に、つらい決断だったと思う。これまでほとんど全試合に出て、一緒に戦ってきた中からも落選した選手がいる。監督である前に一人の人間だから情もある。複雑な心境だったろう。

信頼している中から調子のいい選手を組み合わせて使える予選とは違って、本番はたったの18人。心を鬼にして選んだのだろうけれど、きっと監督の仕事の中で一番難しい決断だったはず。大会で負けて責められることよりつらいんじゃないかな。

ただそれは、予選で貢献した選手を外さなければならないほど、いい選手がたくさん出てきたということだ。チームにとって、みんなダメだと言われるよりよっぽどいい。選ばれた選手は日本代表の誇りを持って本番に臨むだろうし、落ちた選手もこれで終わりじゃない。アテネ五輪で落選した浦和レッズの鈴木啓太選手も、いまはフル代表で頑張っている。人生もサッカーも続いていくからね。

それにしても監督という仕事は大変だ。クラブの場合、チームの成績が悪ければ、営業スタッフも苦戦を強いられるし、広報もサポーターのブーイングに対応しないといけない。選手の家族も含めていろんな人の「思い」が自分に向けられるわけで、それが代表になると日本中の注目を集めることになる。

称賛と非難が紙一重。ジェットコースターのような毎日だから、心身の負担はものすごいはず。大統領に任期があるのと同じで、長く続けられる職業じゃないんだろう。

44歳の反町さんと41歳の僕は、選手としてほぼ同じ時代を過ごした仲間。テレビを通して見ると堅いイメージがあるけれど、現役時代はサッカーに励む一方で、しゃれた遊びをする人だった。日本代表で一緒にプレーしていたときには、連れだって夜の街に遊びに出たこともある。そのころから緻密《ちみつ》な作戦を立てて〝試合〟に臨んでいたね。

反町さん、五輪が終わって重圧から解放されたら、昔を思い出してまた一緒に夜の世界へ繰り出しましょう。今度は僕が作戦を立てておきますから（笑）。

（2008・7・18）

アジア交流の第一歩

年に1度のオールスター戦が、二〇〇八年から日韓対抗形式のJOMOカップとして開催される。日本リーグ時代から続いてきたオールスター戦も、みんなが見慣れてきたせいか、最近はお客さんの入りが悪くなっていた。新方式はどっちのリーグのレベルが高いかというプライドを懸けたガチンコの戦い。昔からの日韓のライバル意識もあって面白い試合になるだろう。

もう一つ興味深いのは、この試合が選手のアピールの場になるかもしれないこと。Jリーグでは通常の外国人枠とは別にアジア枠の導入を検討していて、実現すれば韓国から多くの選手が日本に来るはずだ。韓国・Kリーグで得点王になりFC東京へ移籍したカボレ選手のように、韓国経由で日本へ来るブラジル人選手も多い。韓国人もブラジル人もこの試合でいいところを見せて、環境の整った日本でプレーしようと考える選手は少なくないだろう。

アジア枠の活用が広がればクラブ経営にも良い影響がある。Jリーグで最も経営規模が大きい浦和レッズの収入は約80億円。これを100億円、200億円に伸ばそうと思うと、必ずどこかで限界がくる。その壁を乗り越えるには韓国や中国、東南アジアへ市場を広げていくしかない。欧州のビッグクラブと同じ手法だ。

イタリアのクラブがヒデ（中田英寿）を獲得したように、アジアの国民的スターを獲得すれば、その国で放映権が高く売れたりユニホームの販売枚数が伸びたりする。もちろん選手の実力がないと始まらないが、ひょっとすると東南アジアの富豪がスポンサーになってポンと10億円くらい出してくれるかも。アジア各国でJリーグが見たいという声が広がればいい。ドメスティックな経営ではクラブの繁栄は続かないから。

まずは隣の韓国から始めて、アジア各国へ交流が広がってほしい。その先の形はまだ見えないけれど、JOMOカップがその第一歩になるんじゃないかな。

でも一つだけ残念なのは僕が出場できないこと。Jリーグ選抜なんだから、J1だけでなくJ2から呼んでくれてもいいのに。選手を選んだ鹿島アントラーズのオリヴェイラ監督には、前年の最終節で僕らが浦和に勝ったことで、リーグ優勝にだいぶ貢献したはずなんだけどな。

（2008・8・1）

世界で戦える技術とは

北京五輪の男子サッカーは残念ながら3戦全敗だった。結果は出なかったけれど、まず選手とスタッフにお疲れさまと言いたい。

終わってみれば、すべて1点差。紙一重の差というけれど、その紙がかなり分厚そうだ。「相手との差は感じなかった」という選手のコメントを、五輪やW杯の後にはいつも聞くが、最近の五輪で8強に残ったのはシドニー大会だけで、あとは1次リーグ敗退。やっぱり、チーム力の差はあるんだろう。

個人ではサイドバックの内田篤人選手と長友佑都選手、競り合いで相手を吹っ飛ばしていた本田圭佑選手は印象深かった。ただ世界のスカウトたちは日本より米国やナイジェリアの選手を欲しいと思ったはず。個性やインパクトが感じられる選手は少なかった。

五輪代表に限らず、日本人選手は身体能力で海外勢に劣っても、技術では自分たちが上だと思っている。でもその「うまさ」の概念がずれている気がする。日本ではサーカス的な足技を「技術」と呼ぶけれど、それは違う。僕から見ると日本人は器用ではあるが、試合で100パーセント生かせる技術という意味では、まだまだ世界にかなわない。

僕が間近で見た元クロアチア代表のプロシネチキや元ブラジル代表のエジムンドは、トラップ一つとってもレベルが違った。本当にうまい選手はシンプルにプレーするものだ。それにピッチが多少荒れていても、変なミスはしない。

サッカーの技術で大切なのはトラップとキック、ドリブル。ドリブルがうまい選手はパスもうまいし守備も上手だ。ヒデ（中田英寿）や鹿島アントラーズの小笠原満男選手もそうで、ロナウジーニョだってよく見ると実は相手のボールを奪うのがうまいんだ。

極端な話、子供のころはドリブルとトラップだけ練習していてもいい。僕も小学生時代は動き方なんて教わらず、試合でもひたすらドリブルをしていた。サッカーで遊んでいた感覚だ。

五輪のナイジェリアの1点目も、ストリートサッカーの延長線上にあるような得点だ。あの芸術的なプレーは選手たちが自分で考えて動いている。早くからいろいろ教えられて頭も体も完成してしまうより、技術というベースを固める方が伸びしろが大きいんじゃないかな。

（2008・8・15）

悔しい思いを、前進のきっかけに

北京五輪では多くの感動を与えてもらった。ソフトボールの金メダルや陸上の男子400メートルリレーの銅メダルは素晴らしかったし、敗れてしまった選手たちの健闘ぶりも印象的だった。テレビで見ていた子供たちの心に、深く刻まれただろう。

僕もカール・ルイスやコマネチの姿を覚えていて、今もアスリートとして目標にしている部分がある。北京で選手が流した、うれし涙も悔し涙も子供たちに大きな影響を与えたはず。そんな教育面を考えて、国はこれまで以上にスポーツ支援に力を入れてほしい。

注目度が高かった野球は残念ながら、4位に終わった。「ソフトボールは金メダルなのに、野球はふがいない」と言う人がいるけれど、この結果を簡単には比較できない気がする。それぞれの競技が五輪をどう位置付けているのか、という前提が違うからだ。

ソフトボールや女子サッカーなど多くの競技では五輪を最大の目標にして4年間努力

しているけれど、男子サッカーではW杯が一番重要だし、テニスもウィンブルドンなどの四大大会を重視している。では、野球はどうなのだろうか。イチローさんら大リーグ選手が不参加だから、「最強チーム」とも言えない気がする。

韓国は五輪期間中に国内リーグを休んでいた。キューバは何カ月も合宿を積んでいたらしい。日本選手団の団長は、日本も十分な合宿をして臨むべきだと指摘していた。確かにその通りだけれど、韓国と違って五輪期間中もペナントレースを続けていた日本は現実には無理だった。

他競技のように全体を統括する国際連盟や日本協会という組織がないから、日程調整や大会の位置付けが難しいのだろう。ただ、厳しい国際試合を勝ち抜くためには、プロとかアマチュアという立場に関係なく、十分準備して最高の状態で臨める選手が出るべきで、そのための環境づくりという部分が一番大切だ。

現場で全力を尽くした監督や選手たちは、悔しい思いをしたはず。野球は五輪競技から外れるから、この悔しさを晴らすにはワールド・ベースボール・クラシックという場で結果を出すしかない。北京での経験が、前へ進むきっかけになればいいね。

（2008・8・29）

代表が背負う「コブランサ」

W杯アジア最終予選初戦のバーレーン戦は3－2で、日本は白星スタートを切った。最後の2失点を問題にする人は多いだろうけれど、僕は良い試合だったと思う。何より最終予選の最初は内容よりも結果が大事。勝つことで自信と余裕を持てるし、内容も良くなっていく。

二〇〇九年六月の最終戦までにいろんなドラマがあるだろうし、もちろん簡単には突破させてもらえない。でも選手にはその瞬間を楽しんでほしい。誇りを持って、気持ちよくプレーしてほしい。闘志はしっかり出しつつ、変に力むことなく力を100パーセント出せればいい結果につながるはずだ。

今や日本はW杯に出ることが目標ではなくて、予選突破が当たり前という空気がある。それがマイナスに働くこともあるけれど、そんな重圧がなければ予選は勝ち抜けない気がする。勝っても負けてもどっちでもいいよ、と国民から思われている国は、最後のところで勝てないものだ。

ブラジルでは「コブランサ」がないチームはダメだと言われる。直訳すると要求とか取り立てという意味で、試合での結果や内容を求める社会的な要求のこと。ブラジルがなぜ強いかといったら、常にものすごく大きなコブランサがチームに向けられているから。負けたら国中からたたかれるという重圧が、王国ブラジルを支えているんだ。

日本代表に向けられるコブランサも大きくなった。サッカーでご飯を食べている人も多いから、W杯予選の結果で生活が変わるのは選手だけじゃない。突破すれば雑誌の販売も増える。旅行会社や航空会社、テレビ局もそう。そんな周辺の人たちが潤っていくこともスポーツの成功の一部分なんだろう。代表はそんな責任を背負いつつ、テレビの前で応援してくれる人たちの熱、パワーもすべて受け止めないといけない。

第2戦のウズベキスタン戦は1カ月以上先だから、また選手のコンディションをそろえるのが大変で、けが人も出るかもしれない。でもその分、ほかの多くの選手にもチャンスがある。バーレーン戦に出場したサンフレッチェ広島の佐藤寿人選手はJ2の選手に希望を与えてくれた。僕もしっかりコンディション調整して、いい状態をつくって代表入りを狙っているんだ。

（2008・9・12）

サッカーへのリスペクト

二〇〇八年シーズンのJリーグもいよいよ終盤戦。J2ではサンフレッチェ広島が早々と昇格を決めて、横浜FCは昇格圏の3位まで勝ち点差19の11位。数字上はJ1復帰の可能性が残っているとはいえ、現実的には厳しい状況だ。

最近、ゲーム内容は悪くないのに結果が出ない。連勝すれば勢いに乗れるものだけれど、六月以降は引き分けや負けが続いて、計3勝。一度止まった車のエンジンを動かすのに時間がかかるのと同じで、途切れた流れを取り戻すのは簡単じゃない。選手もスタッフも悩むし、自信を持てなくなる。結局、解決策は勝つことしかないんだろう。

下位に沈んでいると試合前はしっかりプロとして戦い抜く気持ちがあっても、1点、2点とリードされるとあきらめの雰囲気が出てしまう。逆に2年前の横浜FCがそうだったように、上位のチームは劣勢でも最後まで全員が体を張って何とか勝ち点を積み上げる強さがある。昇格が目の前にあるチームとそうでないチームの間には、技術や決定力以外にも差があるんだ。

そこには前回のテーマで触れた「コブランサ」、つまりファンからの要求、期待も影響している。今も横浜FCのサポーターはすごく応援してくれるけれど、順位へのコブランサは試合ごとに薄れている。降格のないJ2で残り8試合、何を目標に戦うのか。選手の精神力が問われる。

仮に昇格の可能性が完全に消滅しても、キャンプからやってきたことを信じて最終節までやるしかない。それがサッカーというものへのリスペクト（尊敬）だ。昇格がないからもういいや、と思うならグラウンドに立つ資格はない。

二〇〇五年末、新幹線で当時マリナーズの長谷川滋利さんと偶然会って話を聞いた。来季も雇ってくれる球団はあるけれど全力でやれるかわからない。気持ちが中途半端だと野球に対して失礼だから自分は辞めるべきだ、と。翌月に現役引退を表明されていた。

ほとんどの選手はサッカーが好きで、なりたくてなった職業のはず。昇格や優勝がなくなったからといって全力を尽くせないようではお客さんに対して失礼だし、何よりサッカーに対する侮辱だ。僕もサッカーが好きだから常に全力を尽くすし、勝ちたいと思う。

（2008・9・26）

ゴールは心技体の結晶

どうして日本代表であれだけ点を取れたのか、ときどき自分でも不思議に思う（89試合55得点）。もともとはウイングとしてゴールをアシストするのが役割。ブラジル時代は「ドリブルはうまいのに、何でそんなにシュートが下手なんだ」と言われて、「オレにはドリブルがあるからいいんだ」と答えていた。

今思えばそれが逆に良かったのかもしれない。最近の選手は多くのことを教えられて、表現は悪いけれど器用貧乏になっている気がする。ドリブルでボール扱いを磨けば、シュートは後からでも上達する。現に僕の役割がストライカーになったのは25歳のころだ。

僕にとって大きかったのは代表で先発起用し続けてもらえたこと。オフト監督時代から岡田武史監督の下でのフランスW杯予選までほとんどがフル出場で、信頼されているという安心感が結果につながった。最近の代表は試合ごとに2トップの組み合わせが変わる。力のある選手が増えたのか、絶対的なFWがいないからなのかは難しいところだけれど。

　ゴールを狙う意識がなければコンスタントに得点はできないし、意識が強すぎても力みになる。ＦＷは精神面が重要で、それを実感したのは一九九七年のＷ杯最終予選初戦のウズベキスタン戦。当時の僕はキレがないと言われていた。実際に当日の朝も試合直前も体が重く感じて、自分でも不安だった。それがフタを開けてみれば4得点。

　きっかけは開始直前に（城）彰二と二人でボールに手を置いてひざまずいたとき。ウォーッという歓声が聞こえてテンションが上がった。そして最初にボールに触ったとき、気持ちも体もグッと前に出た。その後はいい意味で何も見えない状態。もともと監督の指示や戦術はまったく頭に入っていないけれど、何も気にならず体だけが自然に動く感じ。一種のトランス状態で失敗も怖くない。

　コンディションが悪い中でも最高のパフォーマンスになったのは、心技体のバランスがうまくかみ合ったから。どこかでボタンを掛け違えるとすべてがうまくいかなくなるし、うまくはまればポンポンとリズムに乗れるものだ。来週のウズベク戦、今回の代表選手たちもぜひゴールを重ねてほしい。


（2008・10・10）

「格差」をチャンスに変える

二〇〇七年の十月下旬、Ｊ１第29節に横浜ＦＣのＪ２降格が決まった。二〇〇八年も同じタイミングでコンサドーレ札幌の降格が決まった。２年前の京都サンガも含めて、Ｊ２優勝チームはなぜか１年ですぐ降格してしまっている。

今季好調の大分トリニータみたいな例外はあるけれど、Ｊ１の順位はクラブの予算に比例する傾向にある。ここ数年の降格チームをみると、３つのうち２つぐらいは規模の小さなところ。クラブ間の格差が徐々に開いているのは確かだ。

Ｊ１とＪ２では世間の注目度や経営環境に大きな差がある。ただ、昇格すれば単純にクラブ経営が楽になるわけでもない。選手補強に力を入れないといけないし、ハード面にもお金がかかる。その出費増に見合うだけの収入アップが見込めるとは限らないのが現状だ。リーグ側に言わせると、努力が足りないということになるんだろう。でも実態はすごく厳しくて、今の日本経済の状況を考えればなおさら簡単じゃない。

どうやってチーム強化とクラブ経営のバランスをとっていくか。41歳で現役にこだわっている僕が言うのも何だけど、最も大事なのは若手育成だ。ユースの中高生がトップチームを背負う20代半ばになるまで10年以上。それだけ長いスパンでやらなければ。

ＪＦＬへの降格制が始まったり、Ｊ３が創設されたりすると、Ｊ２でも長期的な強化をする余裕がなくなるだろう。でも今のＪ１のように目先の勝利のため、頻繁に監督を代えるのはいいことじゃない。総理大臣がコロコロ代わると何も成果が出ないのと同じだね。

格差がもっと広がって、本当のビッグクラブが5つくらいできると、欧州のように有望な若手でクラブが潤う構図が出来上がるかもしれない。香川真司君のような選手をビッグクラブに移籍させて、例えば2億円の移籍金を得る。サポーターは怒るだろうけれど、Ｊ2でいえばユニホームの胸スポンサーの倍以上の収入になるわけで、クラブ存続のために必要ともいえる。

強いビッグクラブが優勝争いをして、そこを倒すために目の色を変える中堅クラブがあって、若手を供給する下部リーグのクラブがある。そんな格差は悪くないんじゃないかな。

（2008・10・24）

こだわり詰まったゴール

愛媛FC戦での二〇〇八年初ゴールに、僕らしさが表れていた。ゴール前でDFをかわし、相手に体をぶつけられて倒れ込みながら決めた。そのシュートがFWとしての本能だという人もいるけれど、その前のキックフェイントこそが見せ場だった。

普通ならすぐにシュートを打つ場面で、クックッと切り返してDFを抜くドリブルへのこだわり。野球の投手で言うと、球速が衰えてもあくまで直球で押していくのと似ている気がする。三振が取れるかどうかではなく、直球で勝負できたことが大事だという感覚。あの狭いスペースでDF2人を抜くところに、僕の原点のストリートサッカーに通じるものもあった。

決める自信がないから打たなかったわけじゃない。外せば当然、なぜ打たなかったんだと批判される。昔のカズなら打ったはずだと。でもあれはストライカーになる前、ウイング時代の僕のプレーなんだ。打つと思って飛びかかってきたDFが切り返しに引っ掛かる、その瞬間を楽しみたかった。そんな気持ちだから、ずっとゴールが取れなかったのかもしれないけれど。

今はＦＷではなく右ＭＦで起用されていて、ボールを失ったら自陣のペナルティーエリアまで戻り、攻撃時には相手のペナルティーエリアにも入っていく。ＦＷよりも走る距離が長いし、求められる仕事も多い。

ただ、ここまで僕が1得点で、左ＭＦの滝澤（邦彦）が無得点。アシストはいくつかあるにしても、両サイドの僕らがもう少し点を取っていればチームの順位も変わっていただろう。毎試合1点取れるＦＷはほとんどいない。何点もまとめて取れるときもあれば無得点が続くこともある。その取れない試合で、僕ら中盤がゴールできていれば、今ごろ11位ではなくて昇格争いに加わっていたかもしれない。

もちろんゴールに直結するパスなら、それはゴールと同じ価値がある。ドリブルで相手を抜くのも、つなぎ役になるのも、守備で相手のパスを止めるのも、いいプレーは全部価値があって、ゴールを１つ奪えばそれでＯＫというものじゃない。ポジションが変わってゴールへのこだわりが薄れたというよりは、バランス良くプレーすることの大事さを感じているんだ。


（２００８・11・７）

ゆとりと油断は違う

W杯予選のカタール戦は素晴らしい試合だった。アウェーでカタールに勝つのはとても大変なことで、この結果は大きい。僕もフランスW杯予選で苦しんだけど、予選序盤で失った勝ち点をあとで取り戻すのはものすごく難しいことだから。

予選はとにかく結果がすべて。辛口の評論家の人たちは勝っても試合内容に注文をつけるもので、いわばそれが仕事だ。代表チームの選手や監督は批判されるのも仕事のうち。そう思えば何の苦もない。世界中の代表チームがそうした重圧を受けて強くなる。僕もその重圧の中で戦いたいよ。

チームの大黒柱は結果が出なければたたかれる。それは期待の裏返しだから、いっそ〝戦犯〟扱いされる方がいい。それを発奮材料にすればいいし、負けてもスポーツ紙の1面になるのが超一流の選手。ただ、今の日本はその責任を背負う役目を監督が担っている気がする。選手にヒール（悪役）を引き受けるくらいの気持ちの余裕、ゆとりがあればいいプレーもできる。

ゆとりと油断は似ているけれど、その違いは意識が自分に向いているかどうかだ。相手が格下だから大丈夫とか、勝てるだろうと思うといけない。必要なのは、自分はこれだけ準備してきたという確固たる自信。１つのパスを失敗しても、最後まで１００パーセントを出して走りきるという気持ちがあればいい方に転がるはずだ。

サッカーの世界は恐ろしいもので、Ｊリーグ首位のチームが大学生とＰＫ戦までもつれ込んだり、アジア王者がＪ２相手に苦戦したりする。世界を見てもレアル・マドリードが３部のチームに負けたくらいで、相手がどこだから勝てるという保証はないんだ。

つまり相手によって自分の精神面のコントロールが変わってはいけない。チームメートのプレーも関係なく、何があっても同じ気持ちで自分の仕事をやり抜くんだという意識が必要だ。

フランスＷ杯予選では、６戦目にホームでアラブ首長国連邦（ＵＡＥ）と引き分けたときにもうダメかと思ったけれど、次の試合でＵＡＥが引き分けたことで僕らの自力突破の道が開けた。今回も残り５戦、どんなドラマが待っているかわからない。一喜一憂せず、同じスタンスで最後まで戦ってほしい。

（２００８・11・21）

経営の危機感の共有を

週末の最終節で二〇〇八年シーズンのJリーグも終わる。この1年を振り返ると、J1昇格を目指していたのに10位という成績は残念な結果だ。もっとチームをまとめられなかったか、もっと貢献できなかったかという悔いがある。ヴェルディ川崎時代からの仲間でもある都並敏史監督の下で昇格したいという思いが強かった。

それでも個人的には、J1で戦った前年と同様に楽しめた1年でもある。都並さんに右MFという新しいポジションを与えられてプレーできたことは大きい。サイドでは、FWとはまた違う頭の使い方が求められるんだと実感した。

FWはある意味エゴイスト。表現は悪いけれど、自分勝手なプレーがプラスに働くときがある。それがサイドMFだと許されず、常にポジションの修正やDFとの連携を考える必要がある。中盤から後ろはいろいろ考えながら動いているんだと、改めて勉強させてもらった。その意味でとても楽しく、自分のサッカー人生のためには良いシーズンだった。

この時期になると戦力外通告や監督交代の話題が増える。今年は特に多くて、FC岐阜や徳島ヴォルティスは15人にゼロ円提示をしたというし、東京ヴェルディも元日本代表の服部年宏選手や福西崇史選手との契約を延長しないという。世界的な不況でスポンサー収入が減る影響もあるんだろう。プロ野球で年俸が一気に2倍や3倍になる選手もいるのと比べて、サッカーは厳しい状況にある。

都並監督の解任も、成績不振でスポンサーが離れてしまうことが理由の一つだったという。クラブの経営状況によって監督や選手の契約が左右されるのは仕方ない。でもシーズン末ではなく、もっと早い段階で「今の順位ではスポンサー収入が減る。早くJ1に復帰しないと経営が悪化してしまう」と伝えて、選手やスタッフに危機感を持たせてもよかった気がする。

経営が苦しいから主力を若手に切り替えるという発想も、考え直せないだろうか。年齢と年俸が高いからいきなりゼロ円提示するのではなく、話し合ってほしい。例えば5000万円の選手に「来季は半分しか出せないけど残ってくれ」と。チームに必要な選手なのに経費の問題で解雇するというのは、やるせない。

（2008・12・5）

厳しい環境が選手を鍛える

クラブW杯決勝でマンチェスター・ユナイテッドのFWルーニーのプレーを見ていると、サッカーがとても簡単なものに思えた。ロングパスを胸でトラップし、強いシュートをゴールの枠へ飛ばす。精度の高いプレーを当たり前のようにこなすから、「ああすればいいのか。自分にもできるんじゃないか」と感じさせてしまう。

同僚のクリスティアーノ・ロナウドやブラジル代表のロナウジーニョのアクロバチックなプレーも見ていて楽しいけれど、もっとすごいのは難しい技術を簡単に見せること。欧州王者の質の高いサッカーを堪能させてもらった。

そんな相手と準決勝で戦ったガンバ大阪は〝よそ行き〟のプレーじゃなく、パスをつないで攻める自分たちのスタイルを貫いた。あの舞台で超一流のチームと対戦して3点取れたことは素晴らしい。もちろんその中でも選手は差を感じたはずで、それがこれからのモチベーションになるだろう。

代表チーム優先の日本とは違い、欧州各国ではクラブチームの存在がとても大きい。十二月半ばに旅先のイタリアでジェノア―アタランタ戦を観戦したら、警備で出動している警官の数、観客のテンションの高さにあらためて驚いた。普段のリーグ戦から常にあの重圧とストレスの中で戦っている選手には、土壇場での強さでかなわない気がした。

その前週のサンプドリア―ジェノアのジェノバ・ダービーでは、サンプドリアの得点がオフサイドで取り消された。スロー映像で見ても判断が難しいプレーで、0―1で負けたサンプドリア側のファンは「絶対にオフサイドじゃなかった」と言うし、ジェノア側の主張は「鼻がオフサイドラインから出ていた」。

反則一つについても延々と議論する文化だから、審判もうまくなる。荒れたグラウンド、ファンやメディアの厳しい目。そんな環境で鍛えられているから、選手にしても最後に勝負を争う場面で精神的な強さを発揮できるんじゃないか。

もちろんJリーグの理念である安全なスタジアム、みんなが楽しく観戦できる環境も素晴らしいもの。ただ、一人のアスリートとしては、あんな厳しい環境でプレーしてみたいと思うものなんだ。

（2008・12・26）

Ⅳ 戦い抜く力——2009年

二〇〇九年も横浜FCと契約した僕は、チーム数が増えたJ2で「J1復帰」というチームの目標をなんとか達成しようと思っていた。第2節のロアッソ熊本戦ではPKを決めて、それは「Jリーグ開幕後連続得点記録」を「17年」に伸ばし、僕自身がもつ「Jリーグ最年長得点記録」を更新するゴールとなった。しかし……。

真っ白な灰になるまで

シーズンオフの心理というのは不思議なもので、「よし休むぞ」という気持ちが続くのは最初の2日間くらい。また苦しい自主トレが始まることを考えると、次第に「早く走らなきゃ」という焦りに変わってくる。実際、前年の十二月七日にオフに入って、二十六日から本格的にトレーニングを再開したら筋肉痛になってしまった。試合や練習で一年中鍛えていても、筋力が落ちるのは早いものだ。

二〇〇九年一月八日からのグアムでの自主トレではコーチと相談しながらマイペースでいい調整ができた。そこで気をつけたのは、飛ばしすぎないこと。前年まで2年連続で開幕前にケガをして、特に昨季はその影響をずっと引きずってしまった感がある。その反省もあって、二〇〇九年は気持ちにゆとりを持ちながら調整している。

もちろんサボるわけではなく、高いレベルまで自分を追い込みつつ、もう一歩無理ができそうなところで止める。ダッシュ20本のノルマがあったら、21本まで走るけれど22

本目はやめておく、という感じ。持久走でもこれまでは順位を気にして、若手と張り合いながらトップ争いにこだわっていた。とことんまで自分を追い込むのが好きだったし、そんな自分に酔ってしまう部分があった。

二〇〇九年は練習ではなく試合のピッチで酔えるように、心拍数をみながら走るようにしている。コップの水もいっぱいになったら、後はこぼれるだけだからね。42歳を目前にして気付くというのも遅すぎるけれど。

今季のJ2はチーム数が増えて51試合の長丁場になる。それでも次の試合に備えて早めに途中交代するとか、疲労を考慮した起用はしてほしくない。苦しい練習に耐えているのも、試合で力を出し切るため。だから中途半端が一番良くない。携帯電話の電池と同じで、最後まで使い切ってから充電した方が長持ちするものだから。

もちろんすべては監督が決めることで、試合のパフォーマンスが悪ければ使ってもらえないし、疲れて動けなくなったら最後までプレーさせてはもらえない。「あしたのジョー」のように真っ白な灰になるまで、ボロボロになるまでプレーしたい。そんな希望を持ちながら、1年間を戦い抜くつもりだ。

（2009・2・6）

楽しくなるか、つまらなくなるかは考え方次第

横浜FCの宮崎・日南キャンプも週末で打ち上げだ。シーズン前合宿はたいてい場所を変えて二度に分けるケースが多いけれど、今回は1カ所で17連泊。僕個人としては一九九三年に日本代表でイタリア・レッチェに行ったとき以来の長期合宿だ。開幕後は試合に向けた調整が主だから、追い込んで負荷をかけられるのは今だけ。ある意味、1年で一番きつい時期だ。

キャンプ中の生活リズムは毎日同じ。朝六時過ぎに起きて部屋でコーヒーを飲み、七時から朝食。昼食を挟んで午前・午後の練習をこなして、午後六時半から夕食。ホテル内の温泉やサウナに入った後にマッサージを受けると、夜九時半くらいになる。それから部屋でDVDの映画を見ながら寝る。その繰り返しだ。

サッカーの合宿は練習も食事もすべて団体行動で、監督からは外出禁止だと言われている。でも最寄りのコンビニまで徒歩40分くらいかかるような山の上のホテルだから、

外出する気も起きないというのが正直なところ。それでも生活や練習のリズムがいいし、宮崎は食事もおいしいのでストレスは感じない。

自分なりの部屋での過ごし方もあって、最近の合宿では自分のエスプレッソマシンを持ち込んで、好きなカフェタイムを楽しんでいる。長い合宿生活が楽しくなるか、つまらなくなるかは考え方と工夫次第。もう帰りたいと思ったり生活が苦痛になったりすると練習もはかどらないからね。

以前の合宿は荷物が多くて大変だった。ビデオ20本くらいにビデオデッキとテレビも持参、スーツケース一つの中身がすべて電化製品という感じ。海外では日本の新聞をファクスで送ってもらったり、ゴンちゃん（中山雅史）たちと門限ギリギリまで出掛けて、羽目を外す一歩手前くらいの息抜きをしたり。メリハリをつけて飽きないように、サッカーに集中できる環境をつくることも大事だ。

最近は若い選手が部屋にこもってゲームばかりやっているという苦言を聞くけれど、彼らにすれば部屋で4人集まってゲームをやるのも、ホールでトランプをやるのも同じ感覚なのかもしれない。時代によって過ごし方が違うのは当然。それぞれがいいキャンプを送って、シーズンに生かせればいいね。

（2009・2・20）

ピッチに立てば年齢は関係ない

先日、42回目の誕生日を迎えた。どういうわけか、前年の成績はそれほど良くはないのに、祝福してくれるマスコミの方々は毎年増えている。年を重ねてもいいことはあるんだなと、幸せに感じる。注目されるから実感もするし、意識しないといえばウソになる。でも、みんなが思うほど「42歳の現役」をすごいとも、重く感じてもいない。ケガは本当に怖いけれど、もう少し厳しく扱ってくれてもいいと自分では思うくらい。今でもできる限りみんなと同じ時間、同じ練習をして、同じタイムで走りたいしね。

若いころのようにがむしゃらにはやらないけれど、質の高さは追求してきた。有酸素運動と無酸素運動を区切り、意義付けてきっちりやったということ。現にスタミナを測るテストではチーム上位だし、数値も日本代表と同じくらいだ。

これは今まで自分を追い込んできた蓄えがあるからでもある。与えられた通りにやるのでなく、どこかで自分と闘い、追い込むことで身に付くものがある。そうしてきたからこそ、今でもちゃんとした成果を出せるというか。カズさんはあまり動かないのかな、と思っていたらしいある新加入選手は「全然違う。練習でもあんなに走れるなんて」と言っていたよ。

三月八日の開幕戦は反町康治監督率いる湘南ベルマーレとだ。反町さんは北京五輪での経験があるし、すごく研究熱心。キャンプで宮崎にいたころから、反町さんの知り合いがどこかで見ているんじゃないかと気になったくらい。うちのやり方は全部知られているだろう。でもサッカーはそこだけじゃない。

勝負だから勝ちも負けもある。積み上げてきたものを1試合や2試合で崩しちゃいけない。どのチームもキャンプでまとまりができる。それが1年続くチームは強い。でも、まとまりははがれがちになる。試合に出る選手と出ない選手でだんだんと分かれてきて、監督のことを疑ったり、仲間を信頼できなくなったり……。これって一般の企業と一緒なんだろうね。

だから結果が出なかったときこそ、ぶれないように。ピッチに立てば年齢は関係ない。ただ、そのために僕のような存在がいるといっても大げさじゃないし、僕の経験を生かしていきたいと思っているんだ。

（２００９・３・６）

戦い抜く責任と義務

個人の技が個人という単位でとどまっていては、サッカーは成り立たない。個人のパフォーマンスや目標を、どうチームという団体、組織へ反映していくか。リーグ戦開幕2戦目、僕は先発から65分間出場し、ゴールを挙げたのは収穫だったけれど、横浜FCは2連敗と結果が出ていない。

サッカーはミスのスポーツ。点が入る時は必ず相手のミスがある。本当に相手を崩しての得点なんて何パーセントあるだろうか。DFのミスに乗じて入れる点の方が多く、30パーセントぐらいはセットプレーだったりする。三月十四日のロアッソ熊本戦も僕たちは相手のミスでPKを得て、熊本はこちらのミスに2回つけ込んだ。崩しというよりミスをどう生かしたかなんだ。

ホームで負ければサポーターからブーイングを浴びる。選手への厳しい言葉、チームへの憤り。サポーターには一喜一憂する権利が当然ある。しかし僕たちも一緒に「おまえがあの場面でミスした」と非難し合っていてはチームはまとまらない。サポーターには権利が、選手には責任がある。負けようとも勝とうとも、ずっと戦っていく責任と、それを全うする義務。選手としてこの責任と義務を僕は果たしたい。

自分たちのしていることを、しっかり見つめることが大切だ。出足が悪かろうとも、良くなる兆しがあるのか。力があるのに、でき上がっていないだけか。単に調子が悪いのか。横浜ＦＣについては、まだいずれとも言い難い。迷い……。そういうものが生じる時期なのかもしれない。

開幕したばかりの季節は誰もが結果がほしい。勝つことで自信がつくから、勝利は絶対に必要だ。じゃあ、そのためにどうするんだということになるよね。そこは僕もはっきりとはわからない。コツコツ積み重ね、続けていることを信じ、繰り返す。何をしたらいいかと問われれば、それしかないんだよ。

頭の中はクリーンに、心はネガティブじゃなくてポジティブに。自分たちで起こしてしまったことだし、自分たちで乗り越えていくしかない。物事、悪い時はそうじゃないですか。誰も助けてくれない。でも、そうした状態を覆せるのもまた、自分たち。毎日はその準備のためにある。日々の練習がそのためにあるんだ。

（２００９・３・20）

日の丸を支えるプライド

ドーハの悲劇のころ、プロ野球選手が「日の丸を背負えるサッカーがうらやましい」と話したのを覚えている。第2回ワールド・ベースボール・クラシック（WBC）では、選手たちが国民の期待の重みを感じてプレーするのが伝わってきた。

決勝戦で決勝打を放ったイチローさん。「(運を)持ってる」と形容されたけど、あれは努力だと思う。打てるときも打てないときも同じ姿勢で努力し、日々バットを振って打てなくなる不安をぬぐう。努力が精神の安定感として実を結び、あの場面でも打てたんだ。あの一打にすごく色々なものが詰まっている。それが「持ってる」の一言で片づけられるのはあまり賛成できないな。

二〇〇八年暮れ、グアムの空港でのこと。「ヘーイ、キーング・カズ！」とウキウキの声がした。日本人がサインを求めにきたのかと怖々振り向くと、寄ってきたのはWBC日本代表監督の原辰徳さん。面くらいつつ野球好きの僕の息子を紹介したら、「それじゃ、ジャイアンツで待ってるぞ！」と手を振って去っていった。なんというさわやかさだろう。そんな原さんの人柄もプラスに働いたんだろうね。采配も当たり、チームに和ができていた。

韓国との熱戦は両国の心の距離を縮めた気がする。スポーツの力の前では、政治的な争いや思惑はくだらなく思える。

誰かが失敗したら誰かが助ける。子供たちには最高のお手本だ。喜んでいる息子に言ったんだ。「勝つことよりも、あれだけの人たちが一生懸命に力を合わせて頑張った、そっちが大事なんだ。分かるか？」と。いずれ分かる日が来ると信じているよ。

そして我らがサッカー日本代表もW杯予選でバーレーンに勝った。１—０は最高のスコア。１—０で勝つのが一番いいんだ。失点なく1点を取る、サッカーはそういうもの。それだけ1点は大変で、相手がどこであれ厳しいんだ。

青一色で揺れるスタジアムにサポーターの誇りをみた。「応援で野球に負けない」という無言のメッセージ。今日まで日の丸がたどった悲劇と歓喜を見守り、支えてくれた人たちのプライド。僕はそれを感じた。そして、そうであってほしいと願った。

（２００９・４・３）

今、僕らがすべきコミュニケーション

声で味方を助けることがサッカーでは大切だ。GKがDFに、DFがMFに、MFがFWにと、後ろから順にポジショニングを指示する。レベルが高いほどそうしたコミュニケーション能力が的確だし、なおかつ言われなくても体が自然に動く。言葉のやりとりと体の動きのバランスが取れているチームは強い。

コミュニケーションは文化の違いが出るもので、例えばブラジルではいい意味でみんな自分勝手。発言をあまり重く受け止めもしない。言われたら「おまえがやれ」と言い返すし、試合後は言った本人も「俺、そんなこと言ったか？」と忘れる、ラテンのノリ。自分勝手に言い合えることがスポーツや人生でプラスに働く面がある文化なんだ。

ラテン系の国ではピッチで汚い言葉も飛ぶ。かつてJリーグで同僚だったブラジル人は「○○」という侮辱する言葉を日本語に直訳すると「△△」になると知るや、母国流に試合で相手を「△△！」とののしった。でも日本ではその言葉もやり取りにもなじみ

がないから、言われた当人は「カズさん、△△と言い続けるあのブラジル人は変なんですか」と笑っていた。

ブラジルでは攻撃的な言葉で言い合っても、互いに自分のいいほうにとらえる。日本人は同じ一言でもまじめに考えすぎ、本来のプレーができなくなりがち。言い方も大事なんだね。

チームのためには本音で言い合うべき時がある。でも本音は言いにくいものだし、サッカーは原因を1人のせいにできないから、とても難しい。今の横浜FCに必要なのは、勝ちたい気持ちをがむしゃらに出すことだろう。それこそ45分で倒れるくらいで。足がつっても、5人がベンチで控えている。全員足がつったなら、それはもうフィジカルコーチのせいにしよう。

四月十二日の岡山戦、出場選手も途中出場した僕も「走った」はずだった。でも遠征に同行しなかった選手に聞くと「闘ってない」「走ってない」と見えたという。外から感じられないということは、やはり僕らが足りないんだ。今は「俺はこう思うからこうする」より、もう全員でがむしゃらに気持ちを出すしかない。そうすれば伝わるものがあるはずだ。それが今、僕らがすべきコミュニケーションだと思うな。（2009・4・17）

試合は多いほうがいい

昔から、連戦でもつらいと思うことは一度もなかった。試合をできることが、どれだけうれしいことか。試合のために練習するのであって、その逆じゃない。この大型連休は中2日で4連戦だけど、一番の楽しみが続けてやってくる、まさにゴールデンウィークだ。

一九九二年、猛暑の北京で日本代表が優勝したダイナスティカップ。1日おきで3試合、8日間で4戦も戦った。僕は全試合フル出場したけれど、苦にならなかった。疲れても1日寝れば治る、とね。パフォーマンスも落ちなかったし、韓国、中国、北朝鮮と戦うごとに調子が上がり、MVPに。当時の北京は娯楽が少なくて、早く日本に帰りたかったから、「決勝も中1日でいいや」と思ったくらい。タフだったなあ。

ブラジル南部のチームにいたときは、アウェーに向かうにも飛行場まで6時間、向こうの飛行場から試合会場まで4時間。バスに揺られて24時間なんていう長旅もあった。

24時間の移動を経験すると、10時間少しなど「なんだ、一眠りだな」と思えてくる。あの日々が今に生きているし、だから僕は今でもやれている気がしている。

日本は移動や過密日程に敏感だ。繊細ともいえるだろう。ブラジルはタフ。例えばスパイク一つでも、感触や履き心地には日本人が一番うるさいらしい。片やブラジル人はクラブ世界一を決める大一番でも、前日にもらった新品スパイクを一度も試さずに本番で履いてしまう。そして普通にプレーする。「おれは技術があるから大丈夫」という考えが先にあるんだね。

試合はたくさんした方がいい。週2回ある方が選手は育つし、チャンスもみんなに行き渡る。それで質が落ちるのなら、技術が足りないということ。ブラジルの下部チームは試合の減る時期も、3つの州で集まって大会を開いたものだ。そこで手にした3万円ほどの優勝賞金が僕にはうれしかった。日本でも1試合の勝利ボーナスを3000円でもいいからかけて、「九州」「関東」などのくくりで試合を企画してみるといいんじゃないか。勝てばお金がもらえる、という風に意識も変わっていくだろう。各地でチームは増えているし、試合を多くするためにどうするか、考えどころだね。

（2009・5・1）

30センチがものをいう世界

横浜FCは開幕から14戦で1勝しかできていない。こんな勝率は経験がない。自分に腹が立つし、プロとしてのプライドも許さない。もちろん負けでも悪くない試合もあった。しかし、内容では相手を上回っても、勝ちきれない試合を続けてしまっている。

五月十日の栃木SC戦。0―2から1点返し、逆転できそうな展開でも同点にできなかった。流れ、運、実力のすべてが、今はネガティブな方向に向かっている。勝てないチームは「何でこれが入るんだ」というゴールを割られたりする。でも、それは起きるべくして起きているものなんだ。現状は許されるものではない。しかし大事なのは悩むことでもおびえることでもない。上に上がるしかないからマイナスのプレッシャーを感じる必要もない。何位になると考えるより全力を尽くす。それを全身で示す。その原点に行き着くと思う。そしてスポーツなのだから楽しまないと。

サッカーはディテールにこだわるスポーツ。縦105メートルに横68メートルと広いピッチで30センチほどがものをいう。パスやトラップ、相手への寄せのわずか30センチのずれで結果は180度違ってくる。この細かな部分の差が出ると感じているんだ。

栃木戦の後、マンチェスター・ユナイテッドの試合を見た。すごいのはペナルティーエリアの守り方、攻め方だ。相手にずっと攻めさせながらも、最後のエリアには攻め込ませない。あんなにゆとりを持って守れるものではないので、それだけ高等技術なんだ。そして攻める時には刺すがごとく点を取る。狭い空間でも、時に華麗に時にシンプルに、一発で攻め切ってしまう。

30センチの世界で求められるイマジネーションにインテリジェンス、規律と余裕……。往年のヴェルディ川崎にはすべてがあった。「あうんの呼吸」でみんなが自然に動いていた。

サッカーには技術と戦術があり、そして文化という要素がある。ペナルティーエリアでもそれが出るんだろう。「勝負どころまでは流していても、最後は決めるよ」というのが欧米型。日本のチームはハーフライン辺りでは良いのだけれど、肝心な所で体と発想が硬くなるというか。日本人は大事なところで遠慮しちゃう国民性が出るのかもしれないね。

（２００９・５・15）

キリン杯との出合い

一九七八年、小学生の僕は静岡にやってきた生のボルシアMG（当時、西ドイツ）に興奮していた。中心選手はデンマーク人で初めてバロンドール（欧州年間最優秀選手）に輝いたシモンセン。その名選手を、どういうわけか、うちのオヤジが夜の街へ連れ出した。僕もちょっと呼ばれて、165センチの金髪の彼と握手。キャバレーで出会ったシモンセン。それが僕とキリンカップの出合いだった。

日本代表が初優勝した一九九一年大会。バスコ・ダ・ガマにはブラジル代表がそろい、ベベットらが本気で戦っているのがすぐ分かった。ブラジル留学時代にも対戦したバスコと日本代表として戦い、2―1。〝セレソン（ブラジル代表）〟のGKからゴールできたのもうれしかった。トットナム（イングランド）は「どうせ勝てる」と日本をなめていたけれど、僕らはこれぞカウンターという一撃を決める。あの4―0での勝利は爽快だったね。

まさに日本サッカーは高度成長期だった。今でこそ成長は落ち着いたけど、当時は日本がどこまで上がっていくんだろうという期待、強国に日本は勝てるのかという関心の中、勝ち進む代表に人々が一喜一憂していた。ストイコビッチ（現名古屋グランパス監督）やサビチェビッチを擁する最強で最後のユーゴスラビアに、僕のゴールで競り勝ったのは一九九六年。ちょうど二〇〇二年W杯招致合戦のまっただ中で、メンバーは「メキシコも下して優勝すればW杯も日本開催になるんだ」と信じ込み、並々ならぬ緊張感でピッチに臨んだものだった。

「ブラジルでプロだったとしても、特別扱いはしない。おれの言うことには従ってもらう」「従いますけど、ブラジルでやったかどうかに関係なく、僕はプロとして疑問に思えば意見は言います。監督と選手、プロとして五分です」

一九九一年の大会前、横山謙三監督と喫茶店で向き合ったのを思い出す。10分で終わるはずの面談は2時間の激論に変わった。お互いに本気だった。だから言い争った。

その横山さんと抱き合って優勝を喜んだのを覚えている。頑固オヤジが珍しく、ニコッと笑ったのがかわいくて。あの横山さんと一番仲良くなれたのも僕だろうと思っている。

（2009・5・29）

4度連続でも「夢の達成」

おめでとう。本当に素晴らしい。日本代表が２０１０年W杯出場を勝ち取った。はた目にはスムーズになし遂げたように見えるかもしれない。今や予選はさほど難しくないと思う人もいるかもしれない。しかし選手やスタッフの努力、準備、背負ったプレッシャーの大きさは、おそらくほかの誰も分からないだろう。

「出るだけではもう満足できない」との声もあるけれど、僕は選手として、予選の大変さを知っている。２年や4年に1度しか行かない場所に慣れるも何もない。陸続きの欧州や、言葉や文化の近い南米とはまた違う、アジアならではの厳しさ。強い国でも、あのタシケントで戦えば日本と同様に苦戦すると思う。予選突破には15年近く積み重ねた経験と努力が生かされているんだ。

サッカーが生活に深く組み込まれている先進国を、本大会で倒して上位を狙うのは大変なことだ。努力しているのは日本だけじゃない。ブラジルが欧州の戦術に学び、欧州は世界中からいい選手を集め、それを手本に自国の若手が育ってくる。チャンス1つをものにするのが上のレベル。

六月六日のウズベキスタン戦、日本は良くない試合でもわずかなチャンスを決めた。ギリギリの1―0が当たり前の国際試合で、全部パーフェクトな試合などあるわけがない。ああいう戦いを強豪国にもできれば、変わってくる。対戦相手のレベルが高くなれば、つられて日本の力も引き出されるはずだしね。

4度連続でも、予選突破はそのたびに夢の達成なんだ。どの国もW杯を夢見て必死でくる。ブラジルだって4年ごとに国民みなが夢を持って本大会を目指し、出場が決まればさらなる夢をみる。1度出たら薄れるものじゃないし、全大会出場のブラジルですら夢を果たし終えることはない。

そのW杯のピッチに立つ権利が日本でサッカーをする選手全員に与えられた。社会人やJ2の選手、もしかしたら中学生がつかむかもしれない。そんな夢をこれから1年、日本中のみんなが持てる。選手にとってとてもうれしいことだし、ありがたいね。

だから僕もその夢を追っかけて、これからの日々を頑張れる。

（2009・6・12）

基本を押さえて楽しむ

何事もこだわり始めるときりがない。僕の場合はファッションがそうで、今はスーツもシャツもベルトも靴も、決まった職人にオーダーで作ってもらっている。靴は出来上がるまでに約1年。スーツも仮縫いを4回くらいして、パンツの丈を5ミリ単位で職人と延々議論しながら決めていく。

僕はウエストが約76センチと細くて、逆にヒップには筋肉がついているから98センチくらいある。イタリアの職人が「こんなサイズの男がいるわけない」と言ったくらいで、既製服だと体に合わせて直すのも大変。オーダーなら体にピタッと合ったきれいなラインに仕上がって、長く着続けられる。

昔はアルマーニなんかをよく着ていたけれど、流行のものは2年も着ると古くなったような気がしてしまう。今はクラシックなスタイル。ショパンの曲と一緒で、クラシックなものは流行《はや》り廃《すた》りがなく、受け継がれていくんだ。

スーツの選び方一つでも考え方はいろいろ。スーツを引き立たせるには、いいシャツといいベルトが必要。そこがダメだと、どんな高価なスーツも意味がないという人もいる。スーツに靴を合わせるんじゃなくて、靴に合ったスーツを選ぶという考え方もある。

イタリア・ファッション界の重鎮と呼ばれる人たちにアドバイスを求めると、決まって「君が気持ちよく、楽しく着ればそれでいいんだよ」という答えが返ってくる。これはサッカーでも同じで、達人の域に達した名選手は戦術がどうとかよりも「自分が楽しむことが大事」と言うものだ。

どんなに突き詰めても極められることではない。いい線まで来たと思っても、後で考えると全然わかっていないもの。サッカーも毎年新しい発見がある。38歳のころはだいぶ理解したつもりだったけれど、実は全然サッカーをわかっていなかった。日本代表でバリバリやっていた20代のころなんて、ちゃんとできていたのか心配になるくらいだ。

ファッションもサッカーも、何が正解で何が間違いというものじゃない。ただ、だからといって何でもOKというわけじゃない。基本ができていないと何をしてもダメ。基本をしっかり押さえたうえで、自分の色を出して楽しむ。それが一番難しいことなんだ。

（2009・6・26）

ブラジルを鏡に考える

ブラジルって豊かだなと思うときがある。15分でソバをかきこむこともなく、時間をたっぷり使える暮らし。田舎育ちで貧しい若手選手も、寮の肉料理でまずい部分は平気で捨てるぐらいで、食うのには困らない。食べるものがないなら余りが出る場所で「下さい」と言えばいい、に近い発想。思い詰めて自殺、なんてことも少ないしね。

そんな感覚や文化はサッカーにも表れるから面白い。大事な場面でミスしても「まあ次があるさ」とネガティブにならないし、失敗すら忘れちゃう。好機で力まないのも、これと無関係ではないはず。

日本がW杯で優勝したとしよう。控えメンバーだと、祝福されても「出ていないし、貢献していないから」と答えそうだ。ブラジルなら出場機会がなかろうが自分が〝23番目〟だろうが、尋ねられる前に「オレ、優勝してきたぞ」と自慢話。

元ブラジル代表のFWレナトは、W杯でホテルへ戻るバスの中で「今日は勝ったからいいが、監督は大きなミスを犯している。おれを使わないことだ」と平気で言っちゃう。監督も乗っているバスでそんなこと言う日本人はいないよね。横浜FCが1部昇格を達成した二〇〇六年、全員が昇格メンバーのはずでも「いやあ、僕は出場少ないし」と控えめな選手はいた。ちょっと謙虚すぎるのは日本人の性格なんだろう。

ほかにも興味深い違いがある。日本のメディアが18歳や20歳の選手のプレー、ミスをきっちり指摘するのを僕は目にしたことがない。関心は名のある選手へ向かい、その背後や細部でミスした選手は追及されない。ブラジルでは地元紙が、18歳でも何歳でも駄目だったらバシバシたたく。プロになった時点で批評される対象になるから、意識もするし、強くなっていく。

ブラジルでは「これで成功するしかない」との思いでサッカーをする。本当の意味で生活を賭ける。「稼いで両親を食わせる」という18歳が日本にどれだけいるだろうか。プロとはいっても、まだまだ日本はメンタル面で部活動の延長という考えを捨て切れていないと思う。趣味の域を抜けていないというか。趣味でお金をもらえれば、それはそれで豊かなんだけれどね。

（2009・7・10）

サッカーはケンカじゃない

試合前には必ず、敵味方なく選手全員と握手するようにしている。一人ひとりと視線を交わし、敬意を込めて健闘を誓う。一人残らずスタッフのように順に手を握る……。気が付くと、入場を待つ列のずいぶんと後ろに僕はいたりする。

実のところ、紳士的に振る舞えるタイミングは、その時しかなかったりする。僕らにとってピッチは戦場だ。勝つことを要求され、生活がかかり、時に反則すれすれのプレーも求められる。意地悪にもならなければならない。一概にリスペクト（尊敬）といっても、難しい。

「イエローカードをもらえないようなザゲーロ（CB）はザゲーロじゃない」。以前、警告ゼロをたたえられた日本人DFをブラジル人がそう評したことがあった。国際サッカー連盟（FIFA）が率先してフェアプレーを訴える今とは考え方が違うにしても、それだけ厳しい世界でもある。ボールをまたぐ、僕得意のフェイントも、南米では常に

「バカにするな。今度やったら、削る（足をはらう）ぞ」と脅しに遭う。スパイクのポイントを高くして足を踏みつけてくる悪党もいる。サッカーが人間の醜い部分まであらわにしてしまうけど、それも現実。

激しいプレーと汚いプレーは紙一重な部分がある。でも、サッカーはゲームであってケンカじゃない。極限まで勝利に固執しつつ、どこまで落ち着いていられるか。バランスが大事なのだろう。

ブラジルでは「味方が不当にファウルされたら審判に詰め寄れ」と教わったものだった。抗議は認められないにしても、判定にも間違いはある。「審判が決めたからしょうがない」「いいよいいよ」と黙っているのがいいとは思えない。間違いが指摘されず、あいまいなままではサッカーが文化として深まらない。欧州や南米でサッカーが成熟していくのは、誤りを指摘し合って答えを出していくから。イタリアなどはやり過ぎの感じもあるけど、そんな日常で戦う選手や関係者は強いし、日本が超えられない壁にもなる。

責めたり、罰を求めたりするわけじゃない。白黒を問いただそう、埋もれがちないいプレーもたたえようということ。それがサッカーに対するリスペクトだと思うから。

（2009・7・24）

執念は暑さにも勝る

すっかり暑くなりましたね。18歳の時にブラジルのキンゼ・デ・ジャウーの一員として、2週間で日本の11都市を巡り国体選抜と試合を繰り広げたのも、こんな夏場だった。キックオフは真っ昼間、熊本のものすごく暑いこと！　開始15分で味方全員の足がパタリと止まったのを覚えている。そして攻められ続けるのだけれど、相手がドカーンと勝手に外し続けるものだから、負けない。そんなペースで計10勝1分けだった。

ヨーロッパの選手も日本の暑さと湿気に突然放り込まれたら動けない。一九九〇年の夏、バルセロナが来日して日本リーグ選抜と戦った。「本当にバルサ？」というくらい動けない。これじゃバルサ同好会だ、と日本が圧倒するのだけれど、勝つのはバルサなんだ。決めるべきところを決め、こちらは決めるべきところを決められない。構図は今とあまり変わらなくて、終わってみると負けている悲しい現実があった。

夏はコンディションに気を使うけれど、一番肝心なのはやはりメンタル。元日本代表監督のジーコが、酷暑の東南アジアでの戦いを前に「サウナに入ればいい（暑さはしのげる）」と語り、それだけでいいのかと議論を呼んだことがあったよね。ジーコは科学的対策よりも、まず、「アジアでは負けるものか」という自信を植え付けたかったのだと思う。

トルシエも相通ずるところがあって、夏に長袖で暑苦しい格好でも何も言わず、冬に寒そうに厚着すると怒り出す。「気持ちで負けている」というわけだ。試合前にビタミン剤をとる選手にも、「それがないと駄目、という心が駄目」といい顔をしなかった。

「スリが物を盗んでダッシュで逃げて、肉離れするか？」。サントスFC時代、きちんと準備運動する僕に監督のペペは笑いかけたものだった。当時から「今の選手はすぐブーブーと文句を……」とよく聞かされた。今では僕が「今の選手は……」と若い選手に言うわけで、こうやって受け継がれていくんだろう。

暑いなら暑いなりに、臨機応変に戦えるのがサッカーにおける頭の良さ。勝負への執念は暑さをも超える。練習場でパスを何気なく失敗するのは、試合を意識した危機感が足りない表れ。僕も練習から勝負にこだわってやらないとね。

（2009・8・7）

うまい・賢い・力まない

長すぎた。試合の途中で雷雨のために中止になった八月九日の栃木SC戦でのこと。一時中断してから中止が決まるまで1時間弱も待った。危ないからと選手は屋内に避難できたけれど、サポーターは放送もよく聞こえず、スタンドに残ったまま。何事もなかったから結果的にはよかったけれど……。

あれではお客さんがかわいそう。どうやら観客が多かっただけに運営側も迷い、Jリーグにも相談して時間がかかったようだ。その場にいない人たちに現場の天候について決断を求めるのは、どうなんだろう。現場で権限を与えられた人々で、もっと速やかに判断を下してほしかった。

雨はしばしばサッカー選手を困らせる。でも、元ブラジル代表FWのエジムンドはそうじゃなかった。雨で軟らかくなったピッチでも晴天用のスパイクで走る、止まる。それで滑らないのが信じがたいところ。無駄に力まないんだね。

ブラジル人もいろいろで、国立競技場に来て「ピッチが硬い」と、ジョギングシューズに履き替えて、そのチームで一番うまいプレーを見せた選手もいた。

面白いもので、ジーコもペレもサッカーをする限りはいくら走っても足がつらない。余分な力は皆無で、余裕があり、相手に迫られてもそれに応じていろいろな体の使い方ができる。力を入れるか入れないかの、高度なバランス。そういえば陸上100メートルの王者ボルト選手も、あんなに速いのに力みが感じられないのは気のせいだろうか。

うまい選手は概して賢い。僕が21歳でブラジル・コリチーバにいたころ、ユース時代に代表経験のある同僚にこう言われた。「オレが考えるからお前は走れ」。それでうまくいってしまう。かけ算や勉強は苦手そうでも、サッカーにおいては抜群に頭が良かった。サッカー脳とでもいうようなもので、それらも含めて世界基準の「うまい」があるんだろうね。

「フッチボール・アルチ（芸術的なサッカー）」に価値を置くブラジル人のDNAを、そんな選手たちからは感じてしまう。その奥義をマネするのはなかなか難しいでしょう。あるビーチサッカーの日本代表選手も嘆いていた。「砂の上でもブラジルは恐ろしくうまいよ。追いつけない」

（2009・8・21）

トップ選手は日本の誇り

欧州の各リーグが開幕した。注目は「新銀河系」といわれるレアル・マドリードだろうか。中村俊輔君もスペインで頑張っているね。

日本と欧州では当然、文化が違う。移籍のさせ方ひとつとっても欧州で選手をタダ扱いにすることはまずない。契約時にゼロ提示をして移籍を促すにしろ、表で裏で必ずお金の流れが発生するように考える。何らかの形でビジネスを成り立たせようとするんだ。日本はそこまで市場ができていないから、十数人をタダでクビにしたりする。プロがお金のことで遠慮したり、チームを去るのを申し訳ないと感じたりするのも、世界的にみれば珍しいよ。ビッグクラブがお金で選手を集めるのは悪いことでも汚いことでもない。むしろ夢がある気がする。

日本の選手も送り出す人も、海外移籍には慣れていると思う。でもまだ数年前は、受け入れる欧州の側が、日本に慣れてなかったんじゃないかな。あちらからすれば日本は色々な意味で遠い所で、僕らの想像する以上に認知度は低い。僕も移籍先のクロアチアで、いかに日本が知られてないかを実感した。

今や韓国の朴智星《パクチソン》が欧州チャンピオンズリーグ（ＣＬ）決勝で先発し、オランダで本田圭佑選手が活躍している。情報や人が国を越えて飛び交う世の中の流れに沿い、アジアの選手の見られ方もだいぶ変わったね。

なのに、いまだに日本人は現地で「ナカムラは通用しますか」と伺いがちだ。日本人選手がそんな位置にいる時代じゃないし、ＣＬにも出た力量の選手に「通用」はないでしょう。なじむかどうか、という観点で問われるべきだよね。

日本人は心配性でいけないね。もう少し自国の超一流選手を誇りに思ってほしいんだ。プロ野球選手がメジャーに挑んだときもそうだった。「マツザカの剛球、打てますか」と尋ねたらよかった。「あなた方はイチローを抑えられますか？　無理だと思うけど」なんて聞く人がいてもいい。サッカーも早くそういう時代になってほしい。

俊輔はこれから、仲間や街になじまなければならない。１つのＦＫで人生が変わりもするだろう。新天地での挑戦はいつだって、誰だって難しい。

でも、人生は、いつの瞬間だって挑戦なんだ。

（２００９・９・４）

要求と重圧が偉業につながる

おめでとうございます。イチローさんが1世紀もの時を隔てて、9年連続200本安打の大リーグ新記録を打ち立てた。

ベースボールを見ていて思う。米国は数字で表せるスポーツが好きだね。合理主義らしさというか、選手一人ひとり、投手なら勝率から防御率まで、数字で成績がはじき出される。

サッカーはどうだろう。GKのセーブ率を算出するにも、GKひとりで防ぐわけじゃない。DFが足を出してコースを遮るから止められるシュートがある。攻撃もそう。個人に帰するというよりは全員の調和によるものであったりする。

最近はサッカーもデータが増えた。とはいえ無理に仕立てた感もある。例えばパス成功率は何を基準に成功とするのか。絶好のパスも受け手がトラップミスすれば失敗？評価に主観が入るよね。先日、バルセロナのFWイブラヒモビッチの技術に僕はうなった。空間も時間もないエリアで落ち着き払ったアシスト。あのすごさを数値化しようにも……。

最高のパスやクロスを10本送っても、負ければ何も数字に残らないから、サッカー選手としては数字がうらやましいときもある。だけど常に数字が残るのも大変だね。僕らはダッシュのタイムが落ちようとも、プレースタイルを変えれば生き残れる。競泳や陸上の選手なら、記録上でわずかに昔の数字を下回れば引退もちらつく。特にイチローさんはあれだけ安打数や打率がクローズアップされた。２０１本なら何も言われず、１９９本なら衰えたと言われかねない世界だ。

記録達成の日、僕は試合結果を思い出せない。大勢が一打者の打席を追っていた。周囲からの高い注目と要求をイチローさんはいい力へと変えた。「解放された」と語ったけれど、また限りなく続く。そしてあの要求と重圧がなければ偉業も成らなかったはずだ。

あの大記録も、日本人ということで好意的に受け取らない人もいるかもしれない。イチローさんはそういう見られ方とも戦っていく。記録という形で打ち勝っていく。

芸術家イチローさん。その技を見るのは名画を鑑賞するのと似ているかもね。内野安打１つに僕もワクワクし、ゴロの行方をゾクゾクしながら追っていた。（２００９・９・18）

「格差」を楽しもう

サッカーの世界では平等というものを保ちにくい。選手にもチームにもクラブにも格差は存在する。選手はいわば自分の商品力をアピールする個人事業主。価値は1億円を超すものから500万円のものまで幅広い。それを平等に扱ってまとめる監督は大変だ。

Jリーグ2部（J2）の試合を見ていて、1部（J1）より選手がたくさん走っているように感じることはないかな？　それは細部のミスが多いからで、技術が足りない分だけ運動量や頑張りでフォローしなくちゃいけない。選手のポジショニングが良く、球を止める、ける技術も高いJ1の方は、動きのムダが少なく映る。欧州リーグならさらにきれいに見えてくる。

J1とJ2、J2のなかにも上、中、下と力に差はある。横浜FCはいま、最下位で低迷していると誰もが思うだろう。でも、ここから内田智也選手（大宮アルディージャ）や太田宏介選手（清水エスパルス）が何千万というお金を残して巣立った。僕らの小さいクラブが選手を育て、引き抜いてもらうビジネスを成立させた。順位とはまた別のクラブの成功とみていいことだ。選手を売って成り立つクラブがあり、買って成り立つクラブもある。ビッグクラブ、中堅、小クラブがそうやって共存するように日本もなってほしい。

横浜FC、浦和レッズを下す――。と言っても先日の練習試合の話。ただ練習試合でも、常にJ1上位にいるチームに勝てばチームの雰囲気が良くなるものだ。監督も何だか機嫌がいいし、みんなも普段より饒舌になる。小さいクラブが大きいクラブを倒すのは順位を超えた喜びがある。そんな構図も増えるといいね。

レアル・マドリードも野球の巨人も大リーグのヤンキースも、選手を買い集めてはたたかれる。昔、読売というだけで巨人とヴェルディを嫌う人もたくさんいた。でも、見る人が文句を言う楽しみを提供するのも、プロ集団としての娯楽性の一つ。平均化するよりは悪役を演じるチームがJリーグにあってもいい。

J2が何事もJ1と一緒にする必要もないよね。開幕時期をJ1とずらして関心を高めるのも一案でしょう。試合会場がJ1より寂しかったり、泊まるホテルが若干劣ったっていいんです。違いを楽しむくらいでいこう。

（2009・10・2）

年越し決戦の充実感

僕は天皇杯の決勝を3回経験したけれど、読売クラブで最初に臨んだ一九九〇年大会では、2回戦で国士舘大に敗れている。当時はラモスさんなど黄金期メンバーがそろい、リーグ戦で敵無しのドリームチーム。それが格では下の相手に押され、どうにもならない。1―0から追い付かれ、PK戦で敗れた。波乱の歴史は知っていたはず。気を引き締めていたのに、油断に似たものが出たんだね。

今年は浦和レッズなどが不覚をとった。Jリーグ勢がアマチームに苦戦する、おなじみの番狂わせが起きた。リーグにもエネルギーを注入しなければならない上位陣にとっては難しい戦いで、「何としてもJリーグ勢を倒す」というアマ勢の一戦にかける思いはすごい。あの意欲を前にスキをみせれば、食われてしまう。

ヴェルディ川崎で天皇杯を制した一九九六年を振り返ると、油断がなかったね。レオン監督は厳しく、細かく、常に100パーセントの戦いと勝利を僕らに求めた。大会序盤でアマチームに4―0で大勝した試合。2得点した僕を監督はとがめる。終了間際、GKとの1対1を決め損ねたことに「ポンと上にければ簡単に入るじゃないか」。もっと点をとれたはずだと言い出した。そのうるささにめげていてはダメで、練習で疲れた表情を見せてもいけないんだ。そこを乗り越えた僕たちは強くなり、団結していった。

天皇杯の波乱も序盤までで、準々決勝あたりからは意識が変わる。敗れたチームはオフに入り、サッカーができるのは生き残った者だけ。征服感とでも言うのかな。休みたいという思いも、ここまできたら優勝するという欲に転じていく。

決勝を控えた大みそか。にぎわう世間をよそにホテルで元日決戦に備える。外界は新年へ移ろうとするのに、自分はもう一つ大きな仕事を残している。そのギャップが生む特別な感覚。初詣でのざわつきを遠くに感じつつ、僕の頭はサッカーで満ち、支配される。近くの寺から響く除夜の鐘を聞きながら、目を閉じる……。

天皇杯をいつまで戦うかで、オフの長さに大きな差が出る。日程をずらした方がいいのではという考えもあるだろう。でも、あのしびれるような充実感を思うと、天皇杯の決勝はやっぱり元日がいいね。

（2009・10・16）

批判されて強くなる

「（10点満点の）5・5点。低いなあ」。先日、同僚がサッカー専門誌の採点に嘆いていたので、僕は応じた。「おれなんてブラジルで2点をつけられたよ」

あれはデビューしたてのころ。だいたい最低評価でも4点台なのに、2点。そして採点に続く寸評が「彼は早く荷物をまとめて日本に帰るべきだ」。嫌みに近くて、次にプレーするのが怖くなったものね。でも、それを乗り越えたときは二回りほどレベルが上がっていた。ある段階で、批判も褒められることもすべて背負えるようになる。

誰だってたたかれるのは嫌だ。でも批判を受けていたかいないかで、逆境のときに乗り越える強さが変わってくる。選手はミスを指摘されて「もうしない」と改めて意識する。批判から学べるか。悔しさを思い知り、もまれた選手は強い。

あいまいさは日本文化の良さとはいえ、メディアは聞きたいことをもっとはっきり聞いていいと思う。僕は最近、横浜FCで出場できていない。年齢を踏まえ、引退について尋ねたい記者はいるだろうし、聞きたいのが透けて見えるときもある。しかし質問は「最近、どうですか？」。率直に「引退は考えますか」と聞いてくれれば、こちらも「全く考えません」と答えやすい。互いにプロなのだからサッカーに関することはキッパリ言い合いたいね。

まあ、選手は結果を出せば何も言われず、出さなければ私生活まで悪いように言われるもの。それも肥やしにするしかない。誰も見てくれなくなったら僕らの商売は寂しいよ。サッカー以外で人の興味を引くぐらいでいい。「また女の子と飯を食ってる。うらやましいけど文句も言いたいね」という風に。サッカーに詳しくない人々にも関心を持たれないと、サッカー界も盛り上がらない。

経験から言えば、いいことしか言われない時期は「まだまだ」なんです。悪いことも言われて初めて一流に近づく。それを越えてこそ超一流じゃないかな。

テレビで眺めて「日本代表、いまいちだね」と言うのは簡単。実際に6万人にみつめられるピッチで、代表として何度もプレーすれば、いかに難しいかが分かる。言うよりも言われる方がいいよ。僕は何かと言われていたいね、ずっと。

（2009・10・30）

クラブへの忠誠と反骨

クラブへの忠誠って何だろう。「クラブのために」。Jリーグを見渡すとよく見聞きするけど、少し違和感もあるんだ。もちろんチームあっての選手。しかし実際には一つのクラブに長くても2、3年しか在籍しないことが多いわけで、身の置き場がコロコロ変わるなかで忠誠とは難しい。

「クラブの言うことを忠実に聞き、声を出すなどチームのために頑張った」。契約交渉でそうアピールしても、ゼロ提示に効力はないだろう。「監督の言うとおりチームに尽くした」と言ったところで、聞き入れてもらえはしない。年間80パーセント以上出場していても戦力外とみなされる。指導者はよく忠誠心を口にするけれど、まじめな選手だって解雇されることもある。

絶頂期の読売クラブ。「読売のために」なんて誰も言わなかったもの。全員が「おれはおれ」。でも試合で負ける気はしなかった。個々が自分のために一瞬一瞬を頑張る、結果としてチームのためになる。それでいいと僕は思うんだ。

クラブが選手を温かく「育ててあげよう」とするのが日本式だね。練習日時が細かく指定されたり、日記をつけることが奨励されたり。いい事だけれど、僕は練習が少なめだなと感じたら、自分でやってきた。早朝に練習場へ来たり居残りしたり。疲れがたまって試合に響きそうなら、自分の判断で休んでもいい。ブラジルではそれが普通だ。「自分でやります」という気概や反骨。それがなさ過ぎのような気がするんだね。かつての読売クラブなんて反発する人間だらけ。わずか2連敗が一大事、「この監督はダメだ」と選手が言い出したくらいだから。日本の選手が外国人選手と違い、ピッチで困ったときに監督やベンチに助けを求めがちなのは、周囲が手を差し伸べ過ぎることも関係しているんじゃないかな。

自主性に任せると、さぼりがちの人間は一層さぼるでしょう。そういう選手はそのまつぶれていくのに任せ、プロの世界から退出してもらうしかない。ブラジルでは将来有望とされながら、練習嫌いで消えていく逸材は星の数ほどいる。クラブはそれを助けない。助けるヒマもないし、助ける前に次の有望株が続々現れる。自由で厳しい競争。でも、プロはそういうものなんだ。

（2009・11・13）

移籍マーケットの未成熟

世の中でサッカーほど、自分の所属先が替わる職業も少ないんじゃないかな。ひとところに5年もとどまれば、もう古株。4年前に横浜FCに加入したときは〝新米〟だった僕も、すっかり古株だ。ブラジルでプレーしていたころを含めると、もう十数回も移籍したことになる。もう慣れっこだし、3カ月だけのレンタル移籍だってあった。

サッカー界では小クラブから中堅へ、中堅から大クラブへと移籍する時が給料アップの最大のチャンス。でも、日本は移籍マーケットがそこまで成熟していない。アマスポーツの延長で発展してきた経緯もあり、選手の価値を上げて売るというメンタリティーも根付いていないよね。

日本代表の中核選手が移籍すること、まだ少ないでしょ？　仮にガンバ大阪が遠藤保仁選手を手放すとしよう。ほしいクラブがあるなら売ってもいいんだ、その代わりにうんと高い金額で。移籍による収入をクラブが若手獲得などに回せば、放出した方もチームの成長サイクルが続く。でも、今の日本の市場ではそういう大物の移籍がビジネスとして成立しない。

サッカー選手は株にも似ている。その株を0円にして捨てる持ち主は、海外では失格だ。僕がクロアチア・ザグレブで戦力外通告を受けたとき、クラブは移籍金ゼロで獲得したはずの僕に30万ドルを超す移籍金のようなものを設定した。この値段のために移籍先はなかなか決まらなかったんだ。でも、クラブは何とか利益を生み出そうとする。それが経営だから。

オフが近づき、今年もいわゆるベテラン切りが伝えられている。「若い選手に切り替えるため」。毎年のように耳にする言葉だけど、これを口にするのは実は結果を出せていないチームが多い。うまく回っているチームほど、むやみに選手を切らないものだ。

優勝も降格もなくなったリーグの終盤、ブラジルでは戦力から外れたベテランを練習試合や公式戦にバンバン使う。「戦力外にはしたけれど、まだこんなにできるから」と周囲に示すかのように。選手を少しでもいい状態で移籍させようと努めるのは、クラブの義務でもあるだろう。責任あるクラブに若者は行きたがるし、親も子供を預けたがると思うんだ。

（２００９・11・27）

真の一流はつぶれない

成績の全く振るわない1年が終わった。昇格を目標としていた横浜FCは、早々と昇格争いから脱落。そこからモチベーションを上げていくのは大変なことだった。順位が上なら自然と上がるものを、半ば無理やり上げて維持する。それでもピッチの上では、キャンプから最終戦までずっと高い士気は変わらなかった。

でも、それだけではプロとして認められない。他チームと比べて練習環境や資金で恵まれながら、51戦で負けが29。この悔しさ、恥ずかしさを一人ひとりが考えるしかない。僕自身も出だしは調子が良かったのだけれど、九月のケガもあり、出番が減ってとても残念な年になってしまった。ただ、ケガの身になったらどうするか、試合に出られないなかでもどう自分を整えていくか、新たに発見できたこともある。この経験を来季に生かしていくよ。

話は変わり、イタリアの名選手、ロベルト・バッジョはACミランに加入してクラブハウスに来るや「ここが世界一である理由が分かった」と語ったという。練習場やクラブがまとう空気が、そこが名門かどうかを物語る。十一月に練習試合で鹿島に出向いたとき、僕もそんなことを感じた。スタメンから外れた選手による試合でも、鹿島の面々の「試合に出たい」というハングリーさは、同じ練習試合をした浦和とは違っていた。

リラックスゲームでも遊びでもじゃんけんでも、「勝負がかかれば何であれ負けるな」というジーコの精神が見て取れる。偉大な選手が何かをもたらしても、本人が去れば一緒になくなることは多いもの。鹿島だけは継承し、ぶれず、ブラジルのスタイルを貫いている。いま日本で名門と呼べるのは鹿島だけだろう。

そんな鹿島に胸を借りたように、僕らもどんどん強いチームと練習試合をしたいね。道場破りを挑むみたいに。「負けて自信を失う」「選手がつぶれる」と心配する人もいるけれど。

もしつぶれたら？　それはそこまでの選手、とブラジル育ちの僕は考える。真の一流はつぶれない。強いハートや自分を信じることで乗り越える。この世界、技術はそれほど差がなかったりもするんだ。一流や名門との差は、そっちの差かもしれないね。

（2009・12・11）

V　明日を生きる力——2010年

二〇一〇年も、僕は、J1昇格を目指して横浜FCでプレーすることを選択した。しかも、横浜FCのキャプテンも務めることになったのだった。W杯南アフリカ大会もあったこの年に、僕は八月のファジアーノ岡山戦で得点し、九月のカターレ富山戦ではFKからゴールを決めたけれど、公式戦出場時間はとても少なく、シーズンで初めて先発、フル出場したのはJ2最終節の大分トリニータ戦だった……。(その大分戦で得点し、Jリーグ最年長ゴール記録を「43歳9カ月に更新。「最年長先発」「最年長フル出場」等の記録も更新した。——編集部注)

「自分勝手」に徹したい

新しいシーズンが始まりました。オフの間は、なんだか荷造りばかりしていた気がします。ブラジルにグアムと、移動のたびにスーツケースに入れて、出して。何事もきっちりしないと気が済まないたちなので、シャツは新品同様の状態に整え、モノの詰め込み方もこだわって……。繰り返していたら、疲れちゃいました。でも、体調はいいですよ。

さて、横浜FCの今季最初のミーティング。新加入の選手とスタッフが前へ出てあいさつする。見渡すと、僕ら残留組の方が少数派になってしまった。だから「様変わりした新チームはどうですか？」と感想をよく求められる。でも、サッカーはこれが通常なんだよね。ブラジル・サントス時代には、キャンプで一緒に準備してきた監督が開幕戦前日に引き抜かれるなんてこともあった。

変わることが常のそんな世界で、人が入れ替わっても変わらないものもある。面白いことに内紛を起こすチームは、メンバーが替わっても似たような内紛を繰り返すんだ。ロスタイムの奇跡を呼び寄せるのは、なぜか特定の強いチームばかりだったりする。ヴェルディ川崎は監督や選手が入れ替わっても、いつもパスサッカーだった。サッカーのスタイルが緑のユニホームにすみ着いたかのように。

勝ち運に恵まれていた選手があるチームに来たとたんに武運に見放されたり、その逆もあったり。クラブにすみ着く天使と悪魔がいるのかもね。横浜FCにとってこの数年は苦難続き。今年こそ天使にほほ笑まれるようにならないと。

クラブの成績も価値も士気も、油断していると落ちるだけ落ちる。それがこの2年間、僕が学んだことだった。「もうこれ以上は悪くならないだろう」と思っても、気が緩めばさらに悪くなることがありうることを知った。気が引き締まるのが開幕前の今だけではダメ。春先でも秋口でも、変わらぬ気持ちと姿勢でピッチに臨むべきものなんだ。

僕自身については、少し「自分勝手」になろうかと思っている。チームのためを思うあまりプレーが遠慮がちになっていた気がしてね。自分のやりたいプレーに徹したい。それでダメなら外してくれていい。そのくらいの意気込みで挑む1年にするよ。

（2010・2・5）

体をつくり込む喜び

「カズ、まだまだいくでぇ」。練習試合のハーフタイムで岸野靖之監督の声がかかる。「もちろん」。僕は喜んでピッチに戻っていく。

キャンプでこれだけ実戦形式の試合に出たのは何年ぶりだろう。沖縄で2日続けて紅白戦を60分と45分、宮崎でも練習試合。この数年、開幕前は長くても45分ほどでストップがかかっていた。今年はすでにキャンプ3年分くらい試合で走っている気がする。

体のAが痛むとBの酷使につながり、症状Cの危険があるから休むべきだ——。今はそうした知識があり過ぎるほどに選手に行き渡っている。かつての僕は「歩けりゃ試合は出られる」。本気でそう思っていたし、そうしてきた。でも今は体が負荷に対して敏感だ。気温に湿度、ピッチの硬軟も体は感じ取る。今は大丈夫、でも半日後どうなるかは分からない。そんな世界もプロにはあるんだ。

こうしてびしびし使われるのは願っていたことだった。僕は45分でなく90分戦うことを前提にシーズンに臨んでいる。でなければグアムからあれだけ体をつくり込まないよ。キャンプでは最低60分は実戦をしたい。そして体の反応を見ておきたい。開幕後にぶっつけで90分間出場したシーズンはどうしても体がきしんだ。段階を踏んでいない心身はどこかで無理をする。

走行テストのように一度エンジンを吹き上げ、タコメーターをぐっと上げる。そしてサスペンションの具合を確かめる。体のどこが強くなったか、逆に弱まったか。必要となる強化と休息を計算し、また体に加えていく。一日一日それを繰り返した僕というマシンは、疲労と戦いながらもやはり強くなっているんだ。ケガはしてはいけない。でもケガを恐れるのもだめなのだと、改めて感じるよ。

もちろんここまでいい感じで来ても、この先も大丈夫という保証などない。公式戦で勝てなければ自己満足に終わる。でもね、そうした一つ一つの自己満足がなければ、次の大きなステップへ進むこともできないものなんだ。

スーツに着替えるとウエストがベルトの穴一つ分ほど緩くなっている。もともと余分なものがない僕の体から、さらに余分が削ぎ落とされる。ほおもスッキリ、すがすがしい。サッカーに浸れるキャンプは楽しいね。

（2010・2・19）

キャプテンとは何か

リーグ開幕の春がやってきた。柄にもなく、今年は主将を引き受けている。

キャプテンとは何か。試合前のコイントスで自陣がどちらかを決める人。ヴェルディ川崎などで主将を任されたとき、実際に僕がしたことといえばそれぐらいしかなかったよ。ラモス瑠偉さん、柱谷哲二さんに北澤豪君。一人ひとりが主将のような選手に囲まれ支えられていた。キャプテンなど、あるようでなかった。

あの腕章を巻くとリーダーの自覚が目覚める。でも、主将がすべき仕事が少なく、監督がやらねばいけないことが少ないチームの方がいいし、強い。主将がみんなを必死に束ね、何度もミーティングで話し合わねばならないというのは、大抵は物事がうまく運んでいないときだからね。

一人ひとりが意識もスキルも高く、プロフェッショナルとしての仕事に徹する。これが基本だし、さらに言えばこのメンタリティーや技術は、主将や監督がどうにかできる性質のものでもないような気がする。

ブラジルで武者修行をしていたころ。交代を告げられた選手が、不満丸出しでベンチにも寄らず控室へ向かう姿をよく目にした。「おれはこれで飯を食っているのに、食えなくなるじゃないか」。そんな切実で強烈な自負。これもプロなんだと感じたものだった。

もし僕が監督だったとする。選手を交代させ、ねぎらおうと握手を求め、逆にはねのけられたとしたら？「根性あるな」と僕は一目置くと思う。もちろんピッチできちんと仕事をしないといけないけれど、そのくらいのプロ意識はいい。僕もそうだったから。

監督には監督の考え、選手には選手の意思がある。ただ、それをどう表現するかは本人の責任だ。強い自己主張を表面だけまねてもだめで、行動の責任は結局、自分に返ってくるんだ。

ブラジルでは一番うまい選手がリーダーになることが多い。それでもリーダーのタイプは様々で、こうあるべしという答えは一つじゃない。主将を出発点にチームをつくる監督もいれば主将をあえて何回も代える人もいる。

リーダーを置いて集団をまとめさせた方がいいとする価値観、キャプテンを求めたくなる心情。主将一つにも、僕らの文化がにじみ出るね。

（2010・3・5）

ファンもアンチも引き寄せる存在

先日、地域貢献活動なるもので横浜・三ツ沢そばの商店街へ出向いた。好物のおはぎを買って、焼き鳥をつまんで、押し寄せるサインの求めに応じていく。

出迎えてくださるお年寄りが横浜FCのマフラーを巻いている。「試合、見に行ってます」。こういう方々が応援してくれているんだと、うれしくなる。有り難さを思い出す。試合のピッチではこうした存在になかなか気づかない。行くまでは気が乗らないときもあるのに、行けば不思議とモチベーションをもらう。生の声と接するのもいいものだね。

僕が小学生の時、学校のすぐそばに劇団四季がやってきた。舞台裏がどうなっているのか興味津々だった僕は、忍び込んで衣装や化粧の様子に見入り、「何か面白いことやって」とせがんだ。逆の立場ならさぞ嫌な小僧だったでしょうね。

そこで目にしたことは43歳のいまも忘れることはない。だから僕ら選手が学校を訪ねて語ることも、彼らの心の片隅に何かしらを残すんじゃないか。ヴィッセル神戸時代から続けている小学校訪問は今年で8年目。当時の子供たちも20歳近くになったのかな。真剣な顔つき、真っすぐな問いかけ。あの子たちとはいまもどこかでつながっている気がする。

ただし地域活動は常に歓迎されるとはいかず、若手が駅前で寂しく立つだけの日もあるとのこと。恥ずかしいと感じる心情もよくわかる。スタジアムで魅了してこそプロ、あの場でしか見られない、会えないというのも一つの要素。近すぎ、慣れっこでは薄れる感動もあるだろうし、ほどよい距離感を大事にしたいね。

サッカー人気について考えると、かつての読売クラブを思い出す。「なんで読売ばかり勝つの」「オーナーが剛腕のあの人。嫌いだね」「カズってカッコつけやがって」……。良かったのは、チームなり行動なりがサッカー界を超えて人々の興味の対象だったこと。

いま、話のネタになるクラブがいくつあるか。強いチームはある。でもホームタウンの外では認知はされても興味までは持たれにくい。一地区限定の関心で終わりがち。

良くも悪くも物議を醸し、ファンもアンチも引き寄せる。そんな存在が再び現れたら、停滞気味といわれるこの業界の復活にも一役買うと思うんだけれど。（2010・3・19）

明日のことだけ考えていたい

最近、日本サッカーの歩みを振り返ってほしいとの申し出をいくつか受けた。趣旨には賛同するのだけれど、今はこの手の話は控えたいなと思っている。

Jリーグができて、ドーハがありジョホールバルがあり……。その歴史にどっぷりつかっているのが僕やゴンちゃん（中山雅史）だから、ぜひ当時を語ってほしいとなるんだろうね。でも今はシーズンが始まり、チームが昇格を懸けた戦いに専念し、僕も前へ進もうとしている時。後ろを振り返ってばかりでは後退しそうで、「昔は良かったね」と後ろ向きになるのも嫌。試合に出場することとのバランスをとっていきたいんだ。

新しいものも10年たてば壁にぶつかると聞く。Jリーグも18年目、色々と行き詰まり、昔を掘り起こしたくなる時期なのかもね。かつて僕らが「プロなら用具係も設けてスタッフも増やしてほしい」と声を上げ、実現した環境整備は今や当たり前のもの。すると逆に環境が良すぎて良くないと、若い世代の日本代表では洗濯や用具の手入れは自分でさせているのだとか。

僕は一九七〇～八〇年代の歌謡曲が大好き。アレンジなしの懐メロなんて最高だ。でも、僕は「懐メロだけ」と見られたくはなくて、常に変化を感じ取り、必要ならば取り入れたい。古いメロディーを歌っていても新鮮味を感じさせる歌手のようにね。

プレミアリーグ、スペイン、イタリアなど各国リーグの試合をチェックし、ブラジルの最新状況も追いかけている。サッカーは根本ではさほど変わらないものだけど、変化を読もうとする姿勢は失いたくない。

一九九四年米国W杯。一九九〇年イタリア大会でゴール数が少なかったから、このホスト国は「ゴールを大きくしよう」と言い出した。1―0では盛り上がらない、大量点の方が面白い――。欧州の人々が「歴史をバカにするな」と言えば、「だから欧州は古いままで発展しない」と応じる。どちらがいいという話ではない。良い歴史を残しつつ、新しさを求める発想もあればいいね。

これまで本当にいいサッカー人生を送ってきた。でもそれは昨日までの話。今日もすぐに過去となる。明日をどんな一日にして、どう自分を高めるか。僕はそれだけを考えていたい。

（2010・4・2）

サンバはサッカーに通ず

僕はサンバを習ったことなどないのだけれど、あのリズムを打ち鳴らすことができる。15歳でブラジルへ渡り、早くから現地で見て聞いてきたからこそ身についたものと思う。かの地であのリズムを刻み始めると、どこからか人が現れ、違うリズムを鳴らしながら加わってくる。音の輪が連なる。同じことがサッカーでも起きるんだ。

オーケストラのように指揮者がいて、「君はこのパート」「あなたはサイドバック」というふうに割り当てられるのがヨーロッパサッカーだとすると、ブラジルは違う。選手は「こんな音もあるぞ」と勝手気ままに割り込み、共鳴する。仕切り役はいるけれど、「何を言い出す」とは止めずに「いいねえ、それ」と招き入れる。

最高のサッカーを見せたと名高い一九八二年のブラジル代表。よく見ると、右サイドをオーバーラップした右サイドバックがコーナー付近でパス交換する相手が、左サイドバックだったりする。現代サッカーなら考えられないよね。

その左サイドバックは本来優れたMFだったのだが、「黄金の中盤」があったがゆえにサイドバックへ回っていた。だからあり得ないポジショニングも生まれたわけだけど、これもブラジル人が「パートの理論」ではなく、「うまい選手を10人集めれば勝てる」と心の底では考えていることに端を発している。

日本で監督がプレーの手本として欧州トップチームの映像を見せることがよくある。3年前に横浜FCを率いたジュリオレアルも合宿で僕らにビデオを見せた。映し出されたのはサンバのはじける踊り。リオ生まれの彼は「これがサッカーなんだ。分かるか？」と。ある意味、日本人に対する一番難しい要求だよ。「球を持ったら1回は得意技をすること」なんて縛りを紅白戦で設けたりもした。

ラダー（はしご状の縄）を用いてステップの練習をさせるとブラジル人はパッとしない。日本人の方が器用で俊敏、教えられた動きをうまく反復できる。それがことピッチ上となると、どうしてブラジル人はあんなにリズミカルにステップを刻めるのか。いまだによく分からない。

マネしようにもできず、すべきなのかも定かでないけれど、サッカー史で最も実績を挙げているのがブラジルなのも事実。否定はしにくいものがあるよね。（2010・4・16）

悪い流れを変えるには

横浜FCは3連勝の後、5連敗。「ここは」という試合を落とすと悪い流れに乗ってしまうんだよね。僕らにとっては四月四日の富山戦がそうだった。連勝が途切れた直後、チームの予算とか目標を考えたら、絶対に負けちゃいけない一戦だった。そんな相手に負けるとPKを外したり相手FKが壁に当たって入ったり、不運にとりつかれてしまう。いい流れをつかむのは難しいけど、悪い流れに持っていかれるのは簡単なんだ。

第9節に勝って連敗は脱したけど、まだ〝借金〟がある。原点に返って、日々の練習をしっかりやるしかない。それとコミュニケーションかな。チーム状態が悪くなると、ミーティングをやっても分析ビデオは悪いところを抜き出したものが多くなるし、名指しでしかられる選手も出てくる。どうしたって空気は重い。そんなときだからこそ、意見があるならしっかり言わないとね。決定権は監督にあるし、リスペクトの念もあるけど、サッカーでメシを食べているという意味では監督と選手は五分の関係、というのが僕の考えだから。

2週間ほど前にドワイト・ヨークが訪ねて来て、ご飯を食べながらサッカー談議に花が咲いた。マンチェスター・ユナイテッドでベッカムらとプレーしたFWで、僕とはシドニーFCの同僚。ヨークが言うにはマンUは1年に1回、監督やコーチ、選手がパブに集まり酔っ払って言いたいことを言う機会をつくるそう。こわもてのファーガソン監督も、このときは言いたいだけ言わせるんだって。

そんな話を聞き、21歳のときにキンゼ・デ・ジャウーで仕えたジョゼ・ポイというアルゼンチン人の監督を思い出した。練習でも試合でも指示がうるさい人で、あるとき「うるせえよ！」と怒鳴り返したら「出て行け！」。でも練習が終わったら「監督だから言ってるんだ。オマエもいつか分かるよ」と笑顔で何のわだかまりもない。大人の余裕があって、参ったって感じ。

日本にも「無礼講」という習慣があるけど、いまも機能しているのかな。「何でも言え」と言う割に、何か言うとカチンと来る人って結構多いような気もするんだよね。時にはすべて吐き出して空っぽにする。人間にも組織にも大事なような気がするんだけどね。

（2010・4・30）

人を選ぶのも一大事

W杯メンバー発表というものを僕はワクワクして迎えるんだ。「もしかしたら……」。毎回何かと話題に上り、そんな気持ちに周囲のみんながさせてくれるからね。選ばれた選手は誇りを持って戦えばいい。そして世界のサッカーをエンジョイし、勝つために精いっぱいやればいい。簡単には言えないことだけど、人生を懸けて臨むわけですから。

人選をめぐっては様々な意見があるのだろう。でもそれは4年なら4年のスパンで、足りないところも足りるところも見極めて監督が決めたもの。「私ならこうする」などの主張は自分が監督になってすべき話ともいえるし。選手にはいい時期も悪い時期もあり、より多くの選手を連れていきたくても23人に絞らねばならない。監督にとっては最もつらく、厳しい作業なのかもしれないね。

ブラジルの代表選びではサントスの18歳ネイマールと20歳ガンソが話題を集めていた。

ペレが2人を強く推薦していて、ネイマールは体が細いのに全員を抜き去っていっちゃうFW。シュートも先輩のロビーニョが18歳だった時よりうまいんじゃないかな。左利きのガンソは試合をつくれるMFだけど、2人ともドゥンガ監督は選ばなかった。

「今回の代表は関西から選びすぎ」。そんなことを言う日本人はいないけど、ブラジルでは「リオデジャネイロの選手が多すぎる」といった声は上がる。リオ州やサンパウロ州、それぞれに携わる人々が文句も付ける。協会会長が何州出身かで代表の色は変わるといわれ、政治的な要素も働くしね。

二十数年前。サンパウロ州協会の会長室は「ゴッドファーザー」のワンシーンそのままだったよ。地方クラブの幹部が会長室の前で順番待ちの列をなしている。苦境を訴えてお金の相談をする。州の長は彼らを守るべく手を貸す。そんな人間関係から生まれる権力、争い。選手を売り買いすることで繁栄するんだというビジネス感覚が、日本とは格段に違うから。

もろもろの圧力がかかるブラジルでは大統領よりもサッカー代表監督の方が大変だといわれるんだ。「大統領は政策で失敗しても謝れば済むけど、監督はW杯で優勝できなかったら国に帰れない」とね。

（2010・5・14）

W杯の1勝は偉大な一歩

職人の世界ならばどこでもそうだと思うけど、技術とは見よう見まねで覚え、盗んでいくものだ。教えてもらうものじゃなく、吸収すべきものなんだよ。年長者が「後輩に何かを伝えたい」との思いを強くし始めたら、プロフェッショナルたる現役としては終わり。僕はそう考える。

川口能活選手がW杯南ア大会日本代表で主将を任され、経験をメンバーに伝えてほしいと期待されている。本人も応えようとするだろう。でも彼は現役選手。日本代表が何たるかを実体験で知る人間が少ないから彼に役割が回ってくるのだろうけど、難しい立場だよね。無理して気を使いすぎなくていいと思う。GKとしてゴールを守るチャンスがあるんだ。選手としてポジションを掴むためピッチのプレーで出し尽くせばいい。それがチームのためになるはずだから。周囲がその姿から「経験」を感じ取ればいいんだ。

「なぜ日本はセルビアなんかに勝てないの」。先日、夕食の席で聞かれた。ちょっと待ってほしい。セルビアは天才の宝庫だった旧ユーゴを受け継ぐ国。0―3の敗戦は欧州の人々にはサプライズにもならない。

メディアは日本サッカーの世界における位置をもっと正確に語るべきだ。歴史や実績に照らせば日本は1次リーグE組で一番下。世界の上位32カ国しか出場しないW杯では、常に下位集団にいるともいえる。この不都合な事実は国民に伝わらない。欧州では日本より格下を探す方が難しいよ。日本が勝てないというわけじゃない。十分勝てる。ただ、自分たちを客観的に見つめないと議論が見当違いになる。岡田武史監督を極端にバッシングしたり、不自然に持ち上げたり。W杯で日本がカメルーンに勝てば国際的には一大事で、僕らには偉大な一歩だということも忘れないでほしい。

「カズ、人生を楽しんでるか？」。一流選手たちは必ずこう聞いてくる。楽しみなくして良いプレーもない。代表も穏やかなスイスの風の下、感受性が欧州風になって悪いオーラも抜けるんじゃないのかな。そう感じるのは僕だけ？　戦いは厳しくても心は豊かに保ちたいね。

日本代表に期待してください。では次回はコパ・ド・ムンド（W杯）のあとで。

（2010・5・28）

文化と文化がぶつかり合うW杯

サッカーって怖いなと、W杯のブラジル対オランダの準々決勝で改めて教わりました。一つのきっかけでブラジルがボロボロに崩れていく。交錯するようにオランダに勇気と団結力がみなぎっていく。僕は選手だから、両チームを飲み込んだあの「流れ」のすさまじさが、手に取るようにわかった。

ほんの一つのプレーですべてが終わってしまう。一寸先も定かでない。それは人生の怖さでもあり、だから僕らはピッチに人生の縮図を重ねてしまうんだね。

どうにもできない力にイライラし、焦り、何かのせいにしようと審判に怒りをぶつける選手たち。そこにはブラジルらしい人間味を垣間見た気もした。どの国の戦い方も技術・戦術だけでなく、文化の側面が色濃く出ていた。例えばチリはとにかく攻撃。ひたすらドリブルするFWサンチェスなどは最高だったよ。

DFが大きかろうが何だろうが、向かっていけ。お前がドリブルで勝負すれば、怖がるのは相手だ――。

ブラジルで過ごした8年間、そう教わり続けたものだ。日本人は謙虚すぎ、自分が身体能力や個の力で劣るというところを出発点にしすぎかもしれない。「身体能力」なんて言葉すら知らずに僕は育った。それがよかったんだと思っている。

日本がオランダに善戦した翌日。同僚のブラジル人選手は「なぜ日本はあんなに怖がるんだ?」と首をかしげた。日本側とすれば「怖がってなどない。あれは戦術」と感じるところ。僕らは日本の文化やメンタリティーを知っていて、慎重な戦い方を「我慢強い」と肯定的にとらえられる。その慎重さがブラジルの価値観では美徳にならない。

頭で理解できれば文化じゃない、といわれるほどで、文化の根っこはマネしようにも難しい。ブラジル人にイタリア人のようなサッカーをやれと命じても無理。W杯はそんな文化と文化のぶつかり合う場でもある。だからあんなに面白いんだろうね。

日本はカメルーンに完璧に対応し、パラグアイに最後まで奮闘した。その試合が、日本に関係のない人々の目には「最も退屈だった試合」と映りもする。どちらも正解だけど、ほんとのところを僕は知りたいね。世界からみた、日本サッカー文化の評価を。

(2010・7・16)

猛暑の中の決意

夏といえば、外に出ずっぱりだった小中学生のころを思い出す。小型バンの後部座席に8人ほどの友達と一緒に詰め込まれる。静岡を出発するのは夜中。荷物をひざに抱え、揺られ、目覚めると試合会場に着いていた。長野、新潟、神戸。一つの大会が終われば、また次の合宿へと旅をした。

伊豆・下田での合宿はあまりにきつく、仲間内で「伝説の合宿」と名付けられている。炎天下で水を飲まずに練習。宿舎から約5キロ走ってグラウンドへ行き、練習で走り、練習後も走って帰る。ある横浜の少年団チームは1日で夜逃げしてしまった。食事は残さず食べ切るまで席を立てない。背後には竹刀を手にしたコーチが。友人は泣きながら嫌いな牛乳を飲んでいた。

でも、しんどくなかったね。みんなとのサッカーざんまいの夏が楽しかった。あの日々で随分鍛えられてもいる。あんなしごきは今は昔のことだろうけれど。

この暑さと湿気でサッカーをするのは大変だ。ただ、暑さも寒さもあるからこそ色々なサッカーが生まれてくるんだ。寒冷地では走力やフィジカルが前面に出る。暑いブラジルではボールを細かくつなぎ、長い距離を走らぬよう工夫がなされる。風土に応じてスタイルが育つから面白いよね。

教会へ通うのと同じくらいサッカーが日常に溶け込んでいる欧州では、七～八月はバカンス優先で、夏とサッカーは結びつかない。でも日本では夏休みはサッカーのかき入れ時。遊園地と同じ存在だ。夏のサッカーは質が落ちるのだけれど、日本の慣習には合っているんだろうね。

暑さに頭がくらくらしつつ、選手ほどいい仕事もないぞと僕は考える。そして自問する。サッカーを見るのが好きなのか、するのが好きなのか？　見ることがやることほど面白いとは思えない。やるのが一番。

監督業？　いや、選手の方がいい。

ビジネスで金もうけに走る？　いや、それも自分らしくないな……。

だから暑くても一生懸命走ろうと思うわけです。

（2010・7・30）

1つのプレーですべて変わる

八月七日のファジアーノ岡山戦のゴールに多くの祝福をいただきました。「あんなバックパスが転がり込むのはカズさんだけ」。プロで16年間プレーして引退した元同僚は不思議そうだった。VTRで見ると「そこしかない」というコースへシュートが飛んでいる。技で決めた、左足でのいいゴールだったね。

J2で10位のチームの1ゴールが、J1の首位攻防戦より扱いが大きくなった新聞もあった。「カズさんって一体何者?」「カズだから仕方ないか」――。そんなふうに話題の対象になれることがうれしいです。

冷静に振り返ると、ゴールのマジック、怖さを感じてもいる。あの日は数分しかピッチに立っていない。ボールにはたった2回、2秒ほど触っただけ。ゴールを除けば満足できることなど何もないんだ。ところがゴールさえ取れば「すべてよし」となりかねない。そこに至るには数々のプレーがあるはずなのに。よくよく考えると恐ろしいよ。

ゴールが決まるか決まらないかなんて紙一重。それが人生も左右してしまう。W杯日本代表もそうだった。カメルーン戦での本田圭佑選手（CSKAモスクワ）の一発が、チーム、監督、選手、あらゆる日本の評価を変えた。そんなワンプレーの重みなら僕も幾度となく味わっている。だから若い選手には伝えるようにしているんだ。「1つのプレーですべて変わる。評価だって一変するよ」。あのW杯、そんなメールを中村俊輔選手（横浜F・マリノス）に送り続けた。

岡山戦のゴールに戻れば、あの1分のためにこの半年があり、あのゴールのために僕のプロ生活25年間があったのかもしれない。1分のためにどれだけ汗を流せるか。その大切さを再び教わった気がしている。

スポーツは失敗の繰り返しだ。サッカーのシュートなんて20本打って1本入るかどうか。「あれを入れていればどうだったか」「外していたら今ごろ……」。僕も色々と思い当たる。何事も失敗する確率の方が高いんだから。

それでも、いいことが起きたときの喜びは、苦しいときの悲しみに勝るもの。総じて人生は成功も失敗も五分なんだ。そこで、あきらめる人とあきらめない人の差が出る。僕はあきらめないよ。またゴールを取って勝ちたいね。

（2010・8・13）

異文化で成功する監督

日本代表監督が誰になるのか。ブラジルでの二〇一四年のW杯を目指している僕にとっては大事なこと。しっかりと選んでほしいね。

欧州から監督を日本に連れてくるのは簡単じゃないし、時間もかかる。欧州は近くなったと日本人が思っていても、欧州の人々は日本を遠いものと感じている。商業的にも現代サッカーの中心は欧州で、そこで働く監督が外に出る積極的な理由がない。欧州を離れれば自分の価値が落ちると考える監督もいるだろう。

かといって「ほかに働き口がないから日本に行きます」という人でも困る。そんな監督の力量などは知れたものだし、仕方なく引き受けた人間ほど、結果が出ないと「来たくなかった」と言い訳を始めるものだ。

人が異文化へ出たときに失敗する理由の一つは、前の地での成功体験をそのまま持ち込むことだという。日本代表を率いる前にアフリカで監督を務めたトルシエは「アフリカ人には規則を作りすぎてもうまくいかない」と言っていた。ときには外出を許し、ある程度の自由を与えないとプレーの質まで落ちるらしい。アフリカにはアフリカ、日本には日本に合わせた指導があり、特性を見極めないとうまくいかない。

僕はトルシエに「君は日本人と違う。外に出たことのある人間で、出ることにも慣れている」と言われた。彼は外国に適応する苦労もメリットもよく知っていたんだろう。選手には外国へ出ることを勧めていたね。

監督がスペイン人になれば、スペイン代表やバルセロナのサッカーができると安直に考えるのは間違っている。日本には日本の実力があって、短期間で革命的に変えられる方法なんてない。あれば岡田監督だって、誰だってやっている。

どうも日本では、ボードの上で戦術を語れる人が優れた戦術家だという見方が行き過ぎている感じがする。モダンな戦術や最新理論……。でも、メッシ（アルゼンチン）のドリブルを前に多くの戦術が無力なのをみると、1対1の強力さの方が有用じゃないかとも思えてくる。ブラジルはもっとピッチ上での表現を大事にする。ボールは人間より速く、人間はボールより速く走れない。この原則も忘れて戦術が語られてはいないかな？

（2010・8・27）

遠回りしてこそ得るものがある

日本でのサッカー観戦はお弁当を手にしたピクニックの雰囲気。イタリアでは、スタジアムに入ると戦場に引きずり込まれた気分になる。そこではサッカーは戦闘だ。そんな国でザッケローニ日本代表新監督は生きてきた。ACミランなどで働くともなれば、日々さらされる重圧は日本人が想像する比ではない。並大抵のことには屈しない人だろう。概してイタリア人監督は戦術も指導（私生活を含めて）も細かい。ザックにも潜んでいるそんなラテンの血を早く見てみたいね。

日本代表は海外組の選手をどう使っていくのが一番いいのか、考える時にさしかかっているだろう。無理に招集しなくていいのではと個人的には思っている。

人間は使えば「減っていく」ものだ。海外と日本の往復を4年も続ければ、身につくものもある一方、それだけ疲れ、削れ、壊れていく。今は大丈夫でも肝心な2年、3年後にはボロボロになりかねない。海外で認められようとしているとき、帰国して時間と労力を使い、クラブに戻れば体調は多少なりとも崩れている。クラブも「復帰後はまずベンチから」と考えがち。現地で活躍し、心身のコンディションを保つ大切さはもっと考慮されていい。

そんな海外挑戦組の一人、香川真司選手（ドルトムント）はパラグアイ戦のゴールで、どこか救われたところがあったんじゃないか。W杯に帯同メンバーとしてかかわった1カ月は悔しく苦しかったはず。調子が上がっても目の前の試合には出られない。目標が遠い先にしかないことは選手にとってつらい。その状況で自分を見つめ直し、経験したことが大きな財産なんだ。

遠回りしたことで得るものがある。一足飛びで成功しないで良かった、と言える時もある。腐らず、未来をみつめる。今の僕もそんな気持ち。自分がこの先どうなれるのか、考えながらサッカーと向き合い続ける。「今さら何を」と言われるかもしれない。でもこれは自分との勝負だから。

それにしてもパラグアイ戦の香川はよかった。ボールの持ち出し方、DFとの間合いの取り方に表れる技術、そしてキレのあるドリブル。やっぱり代表の背番号11はああでないとね。

（2010・9・10）

主張するために自分で考えよ

子供は空気なんて読んだりせず、聞きたいことをストレートに聞いてくる。小学校を訪ねると、必ず質問されるのが「カズさんはいくらもらっているんですか」。僕も小学生のころは同じ関心を持っていて「サッカー選手になって1億円もらい、もらえる利息で一生楽しく過ごしたいや」なんてあこがれていた。

ブラジルでは17歳の選手が当たり前のように、稼いだ1万円のうち8000円を家族に仕送りする。そんな年齢でも自分が家族を支えている自覚が強い。だからハングリーだし、真剣だ。16歳の少年がジーパンにTシャツにかばん一つぶら下げてクラブのテストにやってくるのも日常。一人寂しく、20時間もバスに揺られて。そのままかばん一つで帰っていく後ろ姿を何度目にしたことだろう。「自分の道はこれしかない」という必死さ。なぜサッカーをするのか、出発点が違うんだ。

だから彼らはお金について主張する。試合がテレビ放映されれば「胸スポンサーを宣伝しているのは自分たち」だからと放映権料の何パーセントかを選手に与えろ、観客が大入りなら勝利給だけでなく試合の総収入の数十パーセントをよこせと要求する。主張は当然の権利なんだ。

「自分の意見があれば、僕は言います」。初めて日本代表に招集されたとき、僕が監督にぶつけたのもそれだった。当時は代表にすら、意見する文化がなかった。今では僕も丸くなったけど、クラブから色紙にサインをしろと命じられたら、うるさく言い返していたものね。「何に使うの？　権利が発生するんじゃないの」「肖像権はどうなの」。かつて僕が疑問に感じたことも、今の若い人たちは疑問に思わないみたい。

記者会見にしても「言い合うこと」に慣れてない。「もっと勉強してください」と監督にたしなめられる記者がいると聞く。記者は黙らず聞き返せばいいんだ。「勉強はします。でも素人でさえ感じるこの疑問に答えてください」と。そこから議論は生まれる。素人の疑問の方が人々の一番知りたいことだったりするしね。

もちろん主張するには自分で考えないといけない。人任せにしないことが大切なんだ。もっと考えを口に出そう。この業界に長く携わる僕たちから、まずは主張していかないと。

（2010・9・24）

国立競技場とカズダンス

国立競技場はいろんなものを僕に呼び覚まさせてくれる。何度も通った会場への道。選手のバスが入り口近くの交差点で止まり、脇に目をやるとラーメン屋でユニホーム姿のファンが腹ごしらえしている。ラーメン屋を越えると国立だ。僕も一度食べてみたいと思いつつ、20年来まだ実現していないのだけれども。

レトロなロッカールーム。何人の先輩が同じようにここで着替えたことだろう。日韓戦、W杯予選、あの悔しさ、あの喜び……。昨日のことのように頭をよぎる。

Jリーグ開幕当時は5万人近くであふれ、出入り口まで人でごった返した。いま横浜FCが国立で試合をしても、もうその面影はない。それでもあの場所には「リスペクト」という言葉にふさわしい何かが、今も変わらず横たわっている。

その聖地で僕は43歳7カ月にして再びゴールを決めた。久々にカズダンスのステップを刻む僕を、ベンチから飛び出したみんなが輪になって囲み、最後は一団で決めポーズ。

打ち合わせなしなのに、示し合わせたような一体感で祝福し合えたのは、いつも先頭に立ってトレーニングする日ごろの僕をみんなが見てくれていたからかもしれない。

僕が国立で何度も踊っていたその昔、横浜FCの仲間はまだ小学生だった。20年の時を隔て、僕をまねていた子たちと僕が一緒に、国立でカズダンスを踊る。誰が想像できただろう？

当日は子供がたくさん招待され、背番号11をつけた少年少女を多く見た。でも実際、彼らは「カズ」なんて知らない。親に無理やり連れてこられただけかもしれない。「カズはすごいんだぞ、日本サッカーを……」と聞かされながら。

幼いころ、来日したブラジルの名手リベリーノがエラシコ（同じ足の外側と内側を使って切り返すフェイント）を3回連発して日本人をかわすのを、この目で見た衝撃を覚えている。翌日は一日中そのまね。子供は理屈よりも純粋な感動で心を動かされる。国立のカズダンス、あの至福のひとときが、見守った子供たちにも何かを伝えていればと願うよ。

「もうダンスはよしなさいよ」との声もいただきました。貴重なご指摘を重く受け止めつつ、次もやりたいと思っています。

（2010・10・8）

うれしい激励を、力に

先日、鹿島での練習試合を終えて控室で体のケアをしていたら、オリヴェイラ監督が訪ねてきてくれた。「カズ、君は我々の誇りだ。元気にやってるじゃないか。本当は何歳なんだ？」

あの日の横浜FCは4－6で負けたけど、2点を先制。2点目は僕がアシストした。「監督室からトランシーバーで指示したんだ。『カズを自由にするな』。後半、君へのマークが厳しかっただろ？」という。

今月は練習試合で90分間フル出場を続けている。今でも自分がうまくなれる感触がある。余裕ができ、頭も良くなったというか。若手のようなスピードはなくても、スピードある味方を生かせばいい。その流れに加われば、一体としてスピードある攻撃をつくれる。僕はまだまだ見せられるし、経験と技と体力、サッカーはそれらすべてを駆使するものだと改めて学んでいるときで、オリヴェイラ監督の一言は心にしみた。

声を出して仲間を統率し、試合後は入念にクールダウンする。ひそかに見届けていた彼は言ってくれた。「君はエゼンプロ（手本）だ。その精神を鹿島の選手も見習ってほしい」。リーグを3連覇した監督からの激励だ。涙が出るよ。

ブラジルの誇りを抱く者同士、サッカー談議にも花が咲いた。日本人は原因不明の痛みとやらで離脱しがちだ、日本サッカーの成長度は遅くないか……。鹿島について彼が述べた意見の詳細は内緒にしておくよ。

その前日、うれしい激励がもう一つ。行きつけの店に行くと僕の指定席に誰かいる。何者だろうと怪しむと「キング！　元気ですか」。声の主は米大リーグ・マリナーズのイチロー君。偶然にして久々の再会を喜び合った。打席でみせる険しさは消え、表情も口ぶりも和やか。「カズさん、ブラジル（二〇一四年W杯）は行くんでしょ。見たいよ」「あのね、J2で出てないんだから……」「関係ないでしょ。見たいね」。そこまで言われると行けるような気がしてきた。「僕が引退して試合を見に行けるようになるまでイチロー君も続けてね。あと15年くらい」とお願いした。

彼との久々のひとときが僕に力をくれる。スーパースターからキングと呼ばれると、正直戸惑うけれど。

（2010・10・22）

「1センチでいいから前へ進むんだ」

この時期は契約のことがみんなの関心事になる。契約終了が決まった後にチームを救うゴールを決め、一転「残留」となる選手もいれば、リーグ戦34試合のうち33試合に出場した翌年に解雇される選手もいる。選手の運命は移ろいやすい。

十数年前、契約期間を残しつつ、チーム事情で解雇されたブラジル人選手がいた。違約金の減額を求められたうえに、クラブに顔を出さず日本を去ってほしいと頼まれ、「退団理由は『妻の出産のためブラジルに帰国する』ということにしたい」と言われたという。その奥さんは日本の産婦人科に通い、日本での出産を心待ちにしていた。「なのにオレはこんな理由で辞めたと思われるのか」と彼は嘆いた。

クラブにはクラブの言い分がある。それを納得できる形で説明すれば後ろめたさはないはずだ。言い繕って隠すのは説明能力がないから。クラブの判断や考え、哲学に自信がないからだ。僕には理解できない。

契約に限らずサッカーでは納得できないことも起こる。判定一つに文句を付ける選手も最近は多い。主張することはいい。でも「なぜこうなるんだ」と文句を言いつつも走らなきゃ。「なぜこうなんだ」と不満に終始し、放棄するようならプロとしては終わりだ。

17歳のころ、ブラジルで悩んでいた僕は諭されたものだ。「僕はいつだって考えている」「考えるだけで止まっている人間はたくさんいる。お前もそうだ。考え、悩め。でも前に出ろ」

失敗して、人生のレールを踏み外すこともある。その時も、フラフラでもいいから止まるな——。「一気に100メートル進まなくていい。カズ、1センチでいいから前へ進むんだ。考えるだけではダメだ」。今も胸に残る。

過去の実績なんてものはどこかへしまって、今を歩む。150点以上ゴールしたのは昔の話、今の僕にはどうでもいいんだ。仮にFW経験がない監督が僕にシュートに関して指示をしたとする。「シュートでは教わることはない」と考えるようでは、伸びない。耳を傾け、プラスとなる何かを探すことだ。

学ばない者は人のせいにする。学びつつある者は自分のせいにする。学ぶということを知っている者は誰のせいにもしない。僕は学び続ける人間でいたい。(2010・11・5)

ブラジルのクラブからの獲得オファー

来季（二〇一一年）の現役続行を表明した僕にブラジル・サンパウロの2部、3部のクラブから獲得オファーが届いた。横浜FCからも契約延長の打診をもらっていて、プロ26年目、44歳で迎えるシーズンに日本かブラジルかという選択肢があるのは本当に幸せなことだ。

結論から言うと、今は横浜FCとの契約を最優先で考えている。自分にとってどこが一番燃えられる場所なのかといえば、それは横浜FC。最近はプレー時間も徐々に増えて、いい仕事をして勝利に貢献できている実感もある。岸野監督の下で1年間戦ってきたチームの成長を感じるのは楽しいし、そこに来年また参加できるワクワク感がある。

ただ、ブラジルは僕にとってプロの原点で、僕を育ててくれたところ。そこでもう一度プレーしたい気持ちもある。以前よりもスピードがなくなった僕を監督はどう使うだろうか、公式戦に出場したらさらに自信を得られるのか、もう駄目だと思うのか。そこには別のワクワク感がある。

今季、先発出場が一度もない僕に「カズはブラジルで試合に出られるの？」と思う人もいるだろう。でも、そこは日本とブラジルのサッカーの違いがある。ブラジルで実績バリバリでも日本で活躍できない選手もいるし、向こうでは無名でもこちらで認められる例もある。どちらが上か下かということではなくて、選手を見る目、基準が違うんだ。

前年のシーズン終了後、古巣のキンゼ・デ・ジャウーで練習に参加させてもらったら、監督と会長は「これなら十分使える」と判断して契約を打診してくれた。そこにサッカー王国の奥深さ、懐の深さを感じる。

2部や3部にはギラギラした粗削りな若手がたくさんいる。片道20時間のバス移動に揺られながら、全国選手権出場を夢見ていた25年前の僕と同じような。成功を信じてはい上がろうとする10代の若手を相手に40代の僕がどう渡り合っていくか。試合で彼らをどう生かし、また生かされるか。興味がわくね。

ピッチに立ったら年齢は関係ない。18歳の選手に「おいカズ、こっちのスペースに戻れよ」と怒鳴られることもある。それはブラジルも日本も同じ。力のあるものが権利を得る、本当の「体育会系」の世界が僕は大好きなんだ。

（2010・11・19）

身体能力がすべてじゃない

僕が初めて日の丸を背負ったのは一九九〇年北京アジア大会だった。日本サッカーはまだ夜明け前。サウジアラビアに歯がたたず、まるで大人と子供くらいの違いが横たわっていた。

わずか2年後、日本は広島開催のアジアカップで優勝する。協会のサポート、国民の期待、メディアの扱い。すべてが変わり、選手の意識はプロになった。サウジアラビアにも雪辱する。今思えば恐ろしいほどの変化のスピードだったね。

そして今、日本はアジアでW杯に連続出場する立場になった。だけどそれでアジアの戦いが楽になるわけじゃない。力の差を認めたチームが、自分の良さを消してまで相手の良さをつぶしにくるのはサッカーの常。実力差に関係なく苦戦になる。

アラブという、日本とは異質のサッカーとも直面する。身体能力なら彼らの方が上。でも、サッカーが身体だけで決しないことは、先月のアジア大会決勝で日本代表がアラブ首長国連邦を前に示しているね。

「50メートル走が5秒9です」。先日、横浜FCの練習に参加した大学生FWがこんな自己紹介をした。日本人は「うわあ。速いなあ」と感心するところ。隣のブラジル人選手は怪訝な顔だ。「5秒9？　何でここに来たんだ？　陸上競技でもすればいいじゃないか」。俊足とサッカーはブラジル文化では結びつかない。

柏レイソルの33歳SBと横浜FCの20歳MFがリーグ戦でマッチアップした時。相手にちぎられてクロスを許したのは足の速い若者の方だった。ボールなしで競走したら20歳が完勝するのに、ピッチではタイミングひとつ、緩急ひとつで勝敗は変わる。

一九八〇年代後半の欧州サッカーを席巻したオランダトリオ、長身のフリットは僕に嘆いたことがある。「ミウラよ、ペレは身長170センチ、マラドーナはもっと低い。我々の大きさで彼らほどの存在になった者がいるか？」。メッシもそうだし、この世界で天下を取る人間は得てして小さい。W杯米国大会ブラジル代表のFWロマーリオも小さかった。その彼が身長190センチのスウェーデンDFたちの間でヘディングでゴールを決める。スピードや体格は確かに武器、でもそれがすべてじゃない。大事なのは「サッカーを覚えること」なんだね。

（2010・12・3）

人生に偶然はない

もう横浜FCにいるべきではないのではないか——。そう考え続けた1年だった。戦力だと言われても、あれだけ試合に出られなければ何の戦力なのか分からない。選手なら5分間しか出場できない時はある。でも5分間しか「使えない」と評価されているなら、離れることを考えるべきだ。誘いのあったブラジルでプレーする自分を想像もした。最終節の大分トリニータ戦。これが最後かもと感じながら「11」に袖を通していた。

あの1戦はただの1試合ではなかったと、その大きさが今になって分かる。フル出場、1ゴール。一般論でいえば僕の年齢の選手が1年5カ月ぶりに先発してフルに走り回るのは相当にきつい。でも僕はやれた。ドリブルでも「戦える」という感触を手にできたし、トレーニングやメンタルの仕上げ方次第でまだまだ勝負できると確認できた。発見といっていい。すべてを吹き飛ばしてくれたんだ。

「今年は活躍してましたね」なんてお褒めの言葉を頂くことがある。そんなはずはなく、全36試合で188分しか出なかった1年に満足はできない。それでも3得点が我ながら全部いいゴールだったから、そう錯覚されるのかもね。この決定力に話題が及ぶと「カズは何か持っている」とよく言われるけど、持っているからじゃないんだ。

この1年、試合形式の練習は僕にとっての公式戦だった。試合前日でもメンバー外の選手と球を追った。調整と思って臨んだ練習なんて一度もない。グラウンドでの一瞬一瞬、僕は本番をプレーしていた。それが最後に最高の90分間をもたらしてくれたと信じる。

二〇一〇年シーズンをまとめます。人生に偶然はない。大分戦で輝けたのは偶然じゃない。だからこうも思う。一九九八年W杯に行けなかったのも偶然じゃない。岡田武史監督がどうこうでもなく、僕に力がなかったのだと。努力が足りなかったのだと。

ブラジルからのオファーは僕がもたらす経済効果とセットだった。でもその期待通りに運ぶかが見えづらかった。僕は二〇一一年もここで、記憶に残るゴールをみせるよう頑張る。

素晴らしき90分間を思い返す。幸せ、やり切った充実感……。ずっとやっていたいね。死ぬまでね。

（2010・12・17）

あとがき

この本には、サッカー選手である僕が約5年の間に感じたこと、思ったことが詰まっている。

あらためて読み返してみて、最初の3年半ほどと、この1年半では、少しトーンが変わっていることに気づいた。簡単に言えば、後半部分のほうが攻撃的でストレートに表現しているのだ。

ひとつには、原稿のチェックの仕方を変えたことも大きかったのかもしれない。最初の頃は、「これはちょっと言い過ぎかな」と思う部分をあとから削ったり、直したりしていたのだけれど、そのうちに、一回チェックをして「どうかな」「よくないかな」と迷った部分も、何回か読み返しているうちに、そんなに悪くないんじゃないか、と思ったりすることが多くなっていき、次第に、むしろ最初に素直に出てきた言葉を大事にするようになったのだ。

そして、もうひとつ。後半では、読む人を考えさせるような、宿題を与えるような書き方が増えたように思う。宿題というと大袈裟かもしれないけれど、「カズはどういう気持ちで言っているんだろう」と読者に思わせるような文章が明らかに増えている。それは僕自身の心情の変化によるものであり、もしかすると30代から40代に入っての年齢による変化の表れであるのかもしれない。

この本は、「サッカー人として」というタイトルで日本経済新聞に隔週で連載したコラムを一冊にまとめたものだ。

経済紙の特性からか、いままで自分とは縁遠いところにいると思っていた人がコラムを読んでくれていて、連載中は、街でずいぶんと声をかけられた。とくに、企業経営者の方たちからは何回となく話しかけられ、感想を言われたりして、それはそれで新鮮だった。企業家の目線からの意見は参考になったし、社員に朝礼でコラムを読んで聞かせたなどと言われると、少し恥ずかしくもあった。

この二月で僕は44歳になる。本書のプロローグにも書いたけれど、自分の中では、サッカー生活に終止符を打つ気持ちはさらさらない。サッカーを続けるために身体のケアもやめないし、練習もやめないし、試合出場への意欲も捨てない。「やめないよ」は、そんな僕の決意の表れでもあるわけだ。

二〇一一年元旦

三浦知良

初出――「日本経済新聞」朝刊（各項末尾の数字は初出紙の掲載年・月・日）。
なお人物の所属や肩書や年齢等は原則として掲載当時のものです。

三浦知良　1967（昭和42）年静岡県生まれ。15歳で渡ったブラジルでプロサッカー選手に。帰国後Ｊリーグで活躍。日本代表で55ゴール。イタリアやクロアチアでもプレー。その後、京都、神戸、横浜ＦＣへ。

Ⓢ新潮新書

405

やめないよ

著　者　三浦知良《みうらかずよし》

2011年１月20日　発行
2011年５月25日　11刷

発行者　佐　藤　隆　信

発行所　株式会社新潮社
〒162-8711　東京都新宿区矢来町71番地
編集部(03)3266-5430　読者係(03)3266-5111
http://www.shinchosha.co.jp

印刷所　大日本印刷株式会社
製本所　株式会社大進堂

ISBN978-4-10-610405-3　C0275

価格はカバーに表示してあります。